出纳业务真账实操

清结算主管与创业中国年度十大杰出会计师手把手教你做出纳

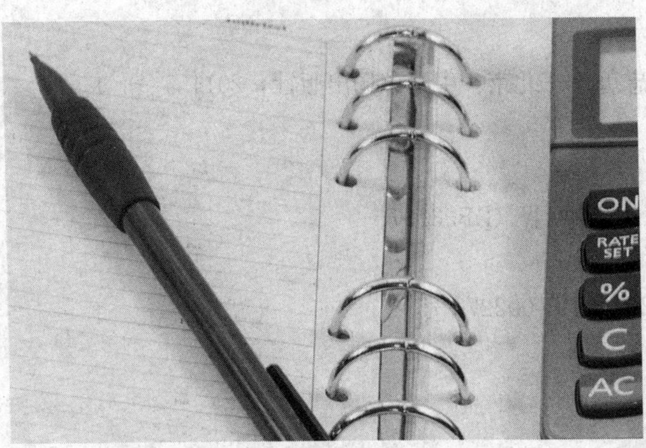

吴银花　栾庆忠◎著

中国市场出版社
·北京·

图书在版编目（CIP）数据

出纳业务真账实操/吴银花，栾庆忠著．—北京：中国市场出版社，2014.5
ISBN 978-7-5092-1196-0

Ⅰ.①出… Ⅱ.①吴…②栾… Ⅲ.①出纳 Ⅳ.①F231.7

中国版本图书馆 CIP 数据核字（2014）第 002273 号

出纳业务真账实操
吴银花　栾庆忠　著

出版发行：中国市场出版社
社　　址：北京月坛北小街 2 号院 3 号楼　　邮政编码　100837
电　　话：编 辑 部（010）68037344　读者服务部（010）68022950
发 行 部（010）68021338　68020340　68053489
68024335　68033577　68033539
总 编 室（010）68020336
盗版举报（010）68020336
邮　　箱：huchaoping1966@sina.com
经　　销：新华书店
印　　刷：河北省高碑店市鑫宏源印刷包装有限公司
规　　格：185 mm×260 mm　16 开本　　版　　次：2014 年 5 月第 1 版
印　　张：12.5　　印　　次：2014 年 5 月第 1 次印刷
字　　数：260 000　　定　　价：38.00 元

如果你表现得“好像”对自己的工作感兴趣，那一点表现就会使你的兴趣变得真实，还会减少你的疲惫、你的紧张以及你的忧虑。

——戴尔·卡耐基

当您正在或准备从事出纳工作，恭喜您，这是一个很好的开始！做出纳不一定会做会计，但它是从事更高级财务工作的基础，它能让您更好更快地步入您羡慕的会计工作。假如您从未从事过相关的工作，没有相关工作经验，别紧张，它没有您想的那么复杂，也没有您想的那么高深，通过本书，相信您能很好地迈过这个门槛。

由于出纳工作多数是与资金甚至现金打交道，很多企业都会用“自己人”担任出纳员，而“自己人”多数是非本专业的人员。很多相关专业毕业的人员则认为自己念了好几年书，是“专业人员”，一定要从事会计工作，不屑于从事出纳工作，认为出纳工作没有什么“技术含量”，非专业人员就可以做了。

实际上，对于刚毕业的人员，没有工作基础，日常的办公设备都不会用，最基础的工作没做好，更为复杂的财税工作往往也不容易胜任！

笔者从学校毕业就进入国营企业接手出纳岗位工作，没有岗前培训，全由自身摸索，也经历过不少差错：因发票管理不善被罚过款；因对银行账户管理不了解导致账户到期未申请延期而被冻结；账户内款项被转走，恰逢元旦假期，人没在驻地，总部公司领导以为我出事了引起恐慌；支票填写不合规被银行机构退票多次等等。因此，笔者以自身担任出纳岗位时的感受、经历与经验，所想所思后总结编写此书，就是想让出纳新手能有个借鉴，少走点弯路，早一天成为出纳高手。

本书从交接工作开始对出纳工作一步一步介绍，如交接工作步骤与要点，岗前需要学习掌握的基本事项、业务常规实例与特殊情况处理等等，囊括了出纳岗位工作中各方面的事项，并结合要点与注意事项，介绍了相关法规政策，让读者能够不仅知其然还能知其所以然。

本书特点如下：

1. 还原日常工中的业务操作流程，读者可依据此流程开展实际工作。交接工作、岗前学习、业务基础知识掌握、实例解说（包括业务流程、原始凭证、会计分录等，可直接参照案例处理业务）、特殊结算业务处理、月结业务操作、其他涉及业务一一讲解，顺应出纳人员上手工作的常规顺序，可以作为出纳入职业务培训或岗位操作手册使用。

2. 全面系统地介绍了出纳工作中涉及的各方面业务事项，对出纳岗位工作进行了系统的梳理。第七章介绍了日常出纳业务中较少触及的业务，对于有一定工作经验的读者而言可全面提升业务水平，轻松成为出纳高手。

3. 全书常规业务实例 32 个，包括现金收付、银行收付、其他票据业务等，各类延伸实例 30 余个，并穿插各类业务图样 26 个，表样 99 个，多数表样为通用管理用表，日常工作可参考使用。

好吧，现在依据此书开始我们快乐的出纳之旅！

出纳业务
真账实操
清结算主管与创业中国年度十大杰出会计师手把手教你做出纳
吴银花 栾庆忠◎著
中国市场出版社
China Market Press

目录
CONTENTS

目录

CONTENTS

出纳业务
真账实操
清结算主管与创业中国年度十大杰出会计师手把手教你做出纳
吴银花 栾庆忠◎著
中国市场出版社
China Market Press

目录
CONTENTS

目录

CONTENTS

出纳业务
真账实操
清结算主管与创业中国年度十大杰出会计师手把手教你做出纳
吴银花 栾庆忠◎著
中国市场出版社
China Market Press

目 录
CONTENTS

目录 CONTENTS

出纳业务
真账实操
清结算主管与创业中国年度十大杰出会计师手把手教你做出纳
吴银花　栾庆忠◎著
中国市场出版社
China Market Press

目录
CONTENTS

第一章　景雨公司基本情况及期初会计资料

一、景雨公司基本情况

景雨公司是一家位于L市的贸易型企业，经营批发与零售，主要销售A、B、C三种产品，拥有一个门市商店和两个仓库（公司总仓库和门店小仓库），开立有三个银行账户（基本户、一般户、保证金专用户），系增值税一般纳税人，适用增值税税率17%，企业所得税税率25%。

1. 基本信息

纳税人识别号：37000000000088。

所属行业：商贸企业。

纳税人名称：L市景雨有限公司。

法定代表人姓名：景雨。

注册地址：L市××区××路6号。

营业地址：L市××区××路6号。

开户银行及账号：基本户　中国××银行A区××支行　37000000××1111。

一般户　中国××银行B区××支行　37000000××2222。

外币户　中国××银行A区××支行　37000000××3333。

企业登记注册类型：有限责任公司。

电话号码：05××－6660000。

2. 公司部分人员姓名及职务（见表1-1）

表1-1　公司部分人员姓名及职务

职务	姓名	职务	姓名
总经理	景雨	销售部经理	陈晓
财务部经理	石磊	会计	丹丹
行政部经理	郑业	行政专员	李四
人力资源部经理	张丽	人资专员	张三
供应部经理	叶英	门市收银员	赵可
出纳	朱朱	原出纳	非非

二、工作伊始——交接

目前公司出纳非非因个人原因辞职，需与新出纳朱朱办理交接手续，由于原出纳离职，故办理交接手续需要全面细致，以交割工作责任，衔接后续工作。

（一）原出纳非非需做准备事项

1. 已经受理的业务尚未填制收、付款记账凭证的，应填制完毕。依据实际业务，对付款凭证加盖现金（银行）付讫章，对收款凭证，加盖现金（银行）收讫章，并交予会计进行账务处理。

2. 尚未登记的账目，应登记完毕，在账簿余额处加盖私章确认，以明确责任。

3. 对库存现金进行盘点，区分业务收入款项与备用金。

4. 整理应该移交的各项资料，对未了事项要写出书面说明。

5. 编制移交清册。

（1）格式必须具备：单位名称、交接日期、交接双方和监交人的职务及姓名、移交清册页数及份数、其他必要说明的问题和意见。

（2）内容项目：列明移交的记账凭证、现金出纳登记簿、银行存款日记账、财务专用章、现金收讫章、现金付讫章、现金支票簿、转账支票簿、现金、有价证券（有价证券要写明证券名称、数量、金额及号码）、有关空白凭证（要写明本数、张数等）、空白账表、文件、资料及其他物品等。

6. 与会计账核对，会计账与出纳的现金、银行存款明细账（本币账与外币账），两者账目均须一致，银行存款明细账还须与银行实际余额核对，如不一致须查找原因，并制作银行余额调节表，现金盈余、短缺须明确原因及责任人。

（二）会计丹丹需做工作事项

（1）将所有业务单据进行账务处理。

（2）将现金、银行存款日记账与会计总账进行核对，做到“账、账”核对；现金账余额需与库存现金核对，银行存款账面余额与银行对账单核对无误，做到“账、实”相符。

（三）新出纳朱朱需进行交接项目

（1）依据移交清册逐项核对，清点。有价证券需核对数量、金额及号码、空白凭证本数、张数等。其他资料、印章等需要依据移交清册所列明的逐项核对，切不可图方便草草接收。

（2）现金须当面清点、确认。

（3）各移交凭证、资料确认清楚后在移交清册接收人处签字确认。移交清册签字栏设移交人、接收人、监交人，其中“监交人”一般为财务负责人。移交表需制作三份，移交双方各执一份，企业留置一份，纳入会计档案。

（4）针对未了事项进行书面说明，需将情况了解清楚，做好工作衔接，以免工作遗漏或延误。

（5）工作交接完毕在出纳账（即现金、银行存款明细账启用表）上填写移交日期，并加盖财务专用私章。正式开始出纳工作，并承担后序的工作责任。

（四）交接工作中需要填制的各种表单

交接工作中需要填制的各种表单，详见表 1-2～表 1-7，附件表样仅做参考，可依据业务及管理需要增减修改栏目。

表 1-2　　出纳移交工作明细表

原出纳人员＿非非＿因工作调动，财务部已决定将出纳工作移交给＿朱朱＿接管。现办理如下交接：

一、交接日期

20×3 年＿2＿月＿1＿日

二、具体业务的移交

1. 库存现金：＿2＿月＿1＿日账面余额＿2 017.00＿元，借支单＿2＿张＿2 000.00＿元（借支人员确认表附 1），实存相符，日记账余额与总账相符。

2. 银行存款余额明细如下：

项次	币种	银行账户名称	账号	银行存款余额	备注
1	人民币	L 市景雨有限公司	37000000××1111	1 060 000.00	基本户
2	人民币	L 市景雨有限公司	37000000××2222	1 000 000.00	结算户
3	美元	L 市景雨有限公司	37000000××3333	8 000.00	外币美元户

以上数据与 20×3 年 2 月 1 日银行提供的银行对账单余额表核对相符。

三、移交的会计凭证、账簿、文件

1. 本年度现金日记账壹本。

2. 本年度银行存款日记账 叁 本。

3. 空白现金支票＿5＿张（＿250××21＿号至＿250××25＿号），作废现金支票＿壹＿张（号码分别为＿250××12＿）。

4. 空白转账支票＿/＿张（＿/＿号至＿/＿号），作废转账支票＿/＿张（号码分别为＿/＿）。

5. 空白收据＿壹＿本（＿00000001＿号至＿00000025＿号）。

6. 未兑现银行支票壹 张，金额＿10 000.00＿元。

四、保险箱、银行物件交接

1. 保险箱＿壹＿个，锁匙＿壹＿把。

2. 网上银行 U 盘＿壹＿个，网上银行验证器＿壹＿个。

3. 银行预留印鉴卡＿叁＿张。

4. 支票购买证＿壹＿本。

5. 银行开户许可证＿壹＿本。

6. 电子回单柜 IC 卡＿壹＿张。

五、印鉴

1. 公司财务印章＿壹＿枚。

2. 私章＿壹＿枚。

六、交接前后工作责任的划分

20×3 年＿2＿月＿1＿日前的出纳责任事项由＿非非＿负责；20×3 年＿2＿月＿1＿日起的出纳工作由＿朱朱＿负责。以上移交项均经交接双方认定无误。

续表

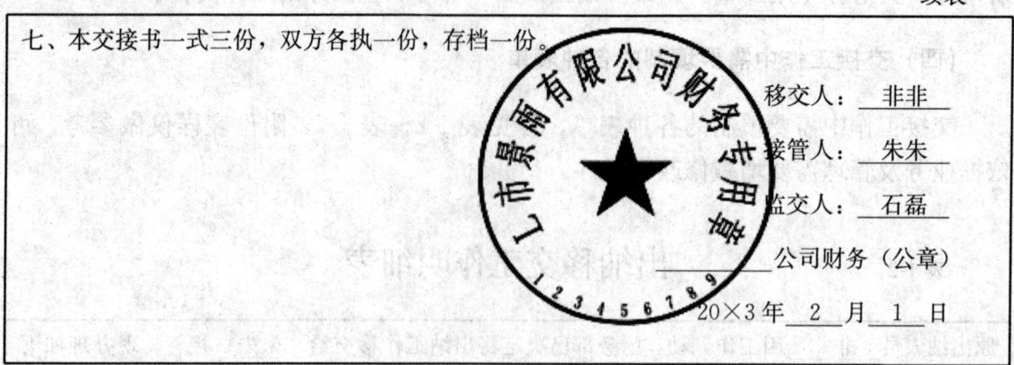

七、本交接书一式三份，双方各执一份，存档一份。

移交人：非非

接管人：朱朱

监交人：石磊

公司财务（公章）

20×3年 2 月 1 日

表 1-3

现金盘点表

公司名称：L市景雨有限公司　　　　盘点日期：20×3年2月1日

现金清点情况			账目核对		
面额	张数	金额	项目	金额	说明
100元	18	1 800.00	盘点日账户余额	2 017.00	
50元	2	100.00	加：收入未入账	—	
20元	4	80.00			
10元	2	20.00	加：未填凭证收款据	—	
5元	3	15.00			
2元		—			
1元		—	减：付出凭证未入账	—	
5角	4	2.00	减：未填凭证付款据	—	
2角					
1角					
5分			调整后现金余额	2 017.00	
2分			实点现金	2 017.00	
1分			长款	—	
合计		2 017.00	短款	—	

调整事项处理意见：账实相符，无调整项。

部门负责人员：（签字）　石磊　　　　出纳员：（签字）非非

对应会计人员：（签字）　丹丹　　　　监盘人：（签字）石磊

编制人	非非 20×3年2月1日	复核人签字	丹丹 20×3年2月1日

表 1-4

银行存款余额调节表

会计期间或截止日：20×3 年 2 月 1 日
开户行及账号：37000000××2222　　　　单位：元

<table>
<tr><td colspan="3">银行对账单余额</td><td colspan="2">12 000</td><td colspan="3">单位银行存款余额</td><td colspan="2">9 000</td></tr>
<tr><td colspan="3">调整后存款余额</td><td colspan="2">10 000</td><td colspan="3">调整后存款余额</td><td colspan="2">10 000</td></tr>
<tr><td colspan="2">20×3</td><td rowspan="2">摘要</td><td rowspan="2">加：单位已收银行未收</td><td rowspan="2">减：单位已付银行未付</td><td colspan="2">20×3</td><td rowspan="2">摘要</td><td rowspan="2">加：银行已收单位未收</td><td rowspan="2">减：银行已付单位未付</td></tr>
<tr><td>月</td><td>日</td><td>月</td><td>日</td></tr>
<tr><td>1</td><td>31</td><td>支付 2 月租金</td><td></td><td>2 000</td><td>1</td><td>31</td><td>收到退回的押金</td><td>1 000</td><td></td></tr>
<tr><td></td><td></td><td></td><td></td><td></td><td></td><td></td><td></td><td></td><td></td></tr>
<tr><td></td><td></td><td>合计</td><td></td><td>10 000</td><td></td><td></td><td>合计</td><td>10 000</td><td></td></tr>
</table>

出纳：非非　　编制：非非　　复核：丹丹　　日期：2 月 1 日

注：银行存款余额调节表，是在银行对账单余额与企业账面余额的基础上，各自加上对方已收、本单位未收账项数额，减去对方已付、本单位未付账项数额，以调整双方余额使其一致的一种调节方法。

表 1-5

借支现金人员确认表

日期：20×3 年 2 月 1 日

序号	借支日期	借支事项	借支金额	借款人	借支人确认签名	备注
1	20×3-1-5	出差借款	1 500	陈晓	陈晓	
2	20×3-1-15	业务备用金	600	郑业	郑业	

制表：非非

表 1-6

银行票据备查簿

编制单位：L 市景雨有限公司　　20×3 年 2 月 1 日　　金额单位：元

序号	出票人	出票行	出票日期	票号	转让方	收票日期	承兑日期	金额	处理方式
1	L 市会运有限公司	中国银行	20×2/9/1	A/1：00000	—	20×2 年 12 月 15 日	20×3/2/28	60 000	
2	L 市佳佳有限公司	工商银行	20×2/12/1	A/1：00000	—	20×3 年 1 月 15 日	20×3/5/31	60 000	

制表人：非非

表 1-7

应付票据备查簿

编制单位：L 市景雨有限公司　　　　20×3 年 2 月 1 日　　　　单位：元

序号	种类	出票日期	到期日期	票号	金额	收票单位	请款部门	付票日期	发票
1	银行承兑汇票	20×3/1/1	20×3/5/31	CB：0000001	100 000	佳德有限公司	采购部	20×3/3/15	已收
2									

制表人：非非

注：备查账是一种辅助账簿，是对某些在日记账和分类账中未能记载的会计事项进行补充登记的账簿。建立备查账时，一般应该注意以下事项：

（1）备查账应根据统一会计制度的规定和企业管理的需要设置。会计制度规定必须设置备查簿的科目，如“应收票据”、“应付票据”等，必须按照会计制度的规定设置备查账簿。

（2）备查账的格式由企业自行确定。可由企业根据内部管理的需要自行确定。

（3）为使用方便备查账一般采用活页式账簿。使用时应顺序编号并装订成册，注意妥善保管，以防账页丢失。但多数企业都是采用自行设计的表格进行登记，并未采用专业的备查账簿管理登记。

【相关链接】

《中华人民共和国会计法》（中华人民共和国主席令第 24 号）

第三十七条　会计机构内部应当建立稽核制度。出纳人员不得兼任稽核、会计档案保管和收入、支出、费用、债权债务账目的登记工作。

第四十一条　会计人员调动工作或者离职，必须与接管人员办清交接手续。一般会计人员办理交接手续，由会计机构负责人（会计主管人员）监交；会计机构负责人（会计主管人员）办理交接手续，由单位负责人监交，必要时主管单位可以派人会同监交。文中出纳交接要按照会计职员交接的要求进行。

三、工作伊始——公司及岗位基本情况了解

（一）岗位职责了解

作为出纳岗位专职人员，除了需要清楚出纳岗位职责及业务技能（可通过岗位说明书、岗位操作手册等出纳岗位业务资料学习）外，还应学习公司的规章制度，特别是与本岗位工作相关的财务规章、制度。财务人员不了解财务相关制度，如何在财务部门开展工作呢？须知财务部门也是一个管理监督部门。您工作的每一步都是在发挥您的职能。财务是一个整体，您是第一步。

出纳岗位职责：

（1）按照财务制度具体办理现金收支和银行结算业务；

（2）熟悉银行结算制度及结算纪律；

（3）负责公司各项业务的结算收款工作；

（4）根据记账凭证办理各种结算，并及时加盖“收讫”、“付讫”戳记及个人印章；

（5）负责登记现金日记账、银行存款账，做到日清月结，及时与会计总账核对，保证账账、账款相符。

（6）对当日已审核的记账凭证安全、完整负责；

（7）保管库存现金和有价证券，确保安全和完整；

（8）保管并正确使用有关印章、空白收据和空白支票；

（9）领导安排的其他工作事项。

（二）公司制度了解

完成工作交接，便正式成为一名出纳员。在开展出纳工作之前要掌握公司的各项财务规章制度及本岗位工作职责。公司的财务制度、相关规定包括：

（1）各项费用报销制度，如差旅费报销制度，不同级别人员费用报销标准不同，不同地区的标准也是不尽相同的；

（2）借款制度，借款额度、用途限制等；

（3）现金管理制度，备用金限额、现金收入款的处理等；

（4）资金审批权限，了解公司各项费用支付的审批要求与审批人员；

（5）其他部门文件。

（三）相关法律、法规了解

刚开始工作，工作经验相对欠缺。为了工作时能更加严谨，多思考，多问，不致盲目工作，造成出错、返工或其他工作失误与经济损失。也为了能快速进入工作状态，并能在财务道路上走得更宽、更远，还需要掌握一些财经、税务法律、法规和制度。

粗列学习清单如下：

（1）《票据管理实施办法》；

（2）《现金管理暂行条例》；

（3）《支付结算办法》；

（4）《税收征管法》；

（5）《中华人民共和国会计法》；

（6）《会计档案管理》；

（7）《会计基础工作规范》；

（8）《企业会计准则》；

（9）《小企业会计准则》；

（10）《中华人民共和国商业银行法》；

（11）《正确填写票据和结算凭证的基本规定》；

（12）主要税种税收法规等。

第二章　业务基本知识概述

一、原始凭证识别与填制

(一) 原始凭证的内容

原始凭证是在经济业务发生时取得或填制的单据或票据，用以证明经济业务的发生或完成情况的书面证明，它是会计核算的原始依据。原始凭证的基本内容包括：原始凭证名称、填制原始凭证的日期、接受原始凭证单位名称、经济业务内容（含数量、单价、金额等）、填制单位签章、有关人员签章、凭证附件。

原始凭证除应当具备上述内容外，还应注意以下几点：

(1) 从外单位取得的原始凭证，应为合法、有效凭证。比如发票上应印有国家税务局或地方税务局监制章；必须加盖填制单位的发票专用章。

(2) 自制的原始凭证，必须有经办单位负责人或者由单位负责人指定的人员签名或者盖章。

(3) 支付款项的原始凭证，必须要有收款单位和收款人的收款证明，如收款方开具的收款收据等，不能仅以支付款项的有关凭证代替。

(4) 购买实物的原始凭证，必须有验收证明，如仓管管理人员开具的入库单等。

(5) 销售货物发生退货并退还货款时，必须以退货发票、退货验收证明和对方的收款收据等作为原始凭证。

(6) 职工公出借款填制的借款凭证，必须附在记账凭证之后。

(7) 经上级有关部门批准的经济业务事项，应当将批准文件作为原始凭证的附件。

温馨提醒

“合法、有效凭证”并不仅仅是指发票，其具体形式包括：

(1) 支付给我国境内的单位或个人，且上述单位或个人生产销售的产品或提供的劳务发生在一般生产经营领域中属于营业税或增值税等税收征税范围的，开具的发票为唯一合法有效凭证。比如，对于经过非货币性资产交换而取得的机器设备，也应该有以发票作为税收的合法凭证。

(2) 对不属于正常生产经营领域而支付给我国境内的行政事业单位的，且上述单位收取的属于国家或省级财税部门列入不征税名单的行政事业性收费（基金），以其所开具的财政收据为合法有效凭证。

财政收据主要是指财政监制的各类票据，比如行政事业性收费收据、政府性基金收据、罚没票据、非税收入一般缴款书、捐赠收据、社会团体会费专用收据、工会经费收入专用收据、行政事业单位资金往来结算票据、军队票据，也包括非财政监制的税收完税凭证等。

比如，防疫站收取防疫费、环保局收取的环保费等等，都可以使用财政部门监制的收费收据作为合法的费用凭据。

（3）对支付给我国境外单位或个人的购货款，以上述单位或个人的签收单据为合法有效凭证；对支付给我国境外单位或个人的非购货款，以纳税人所在地主管税务机关开具的售付汇凭证为合法有效凭证。单位和个人从中国境外取得的与纳税有关的发票或者凭证，税务机关在纳税审查时有疑义的，可以要求其提供境外公证机构或者注册会计师的确认证明，经税务机关审核认可后，方可作为合法的记账核算凭证。

（二）原始凭证的分类

1. 按照来源不同分类

（1）外来原始凭证，是指在同外单位发生经济往来事项时，从外单位取得的合法、有效凭证。如发票、飞机票、火车票、银行收付款通知单、企业缴纳的政府性基金、行政事业性收费取得的财政票据等。表 2-1 为通用定额发票票样。

表 2-1　　通用定额发票票样

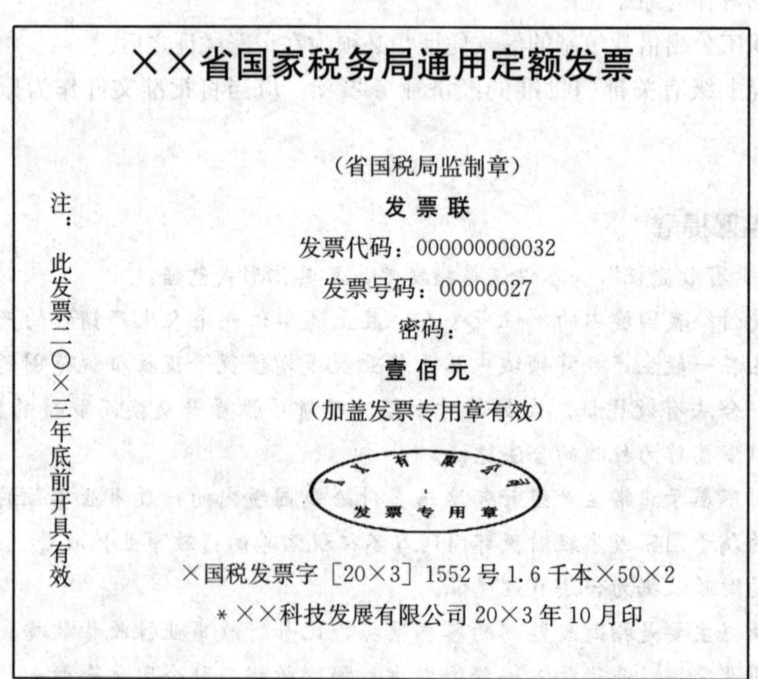

××省国家税务局通用定额发票

注：此发票二〇×三年底前开具有效

（省国税局监制章）

发 票 联

发票代码：000000000032

发票号码：00000027

密码：

壹 佰 元

（加盖发票专用章有效）

×国税发票字［20×3］1552 号 1.6 千本×50×2

＊××科技发展有限公司 20×3 年 10 月印

（2）自制原始凭证，是指在经济业务事项发生或完成时，由自己公司内部经办部门或人员填制的凭证。如收料单、领料单、开工单、成本计算单、出库单等。表

2-2 为收料单。

表 2-2　**收料单**

<table>
<tr><td>收料日</td><td>工程编号</td><td>本单编号</td><td>请购部门</td><td>订制单编号</td></tr>
<tr><td>年　月　日</td><td></td><td></td><td></td><td></td></tr>
</table>

<table>
<tr><td>会计科目</td><td>品名规格</td><td>项次</td><td>材料编号</td><td>单位</td><td>数量</td><td>单价</td><td>金额</td></tr>
<tr><td></td><td></td><td></td><td></td><td></td><td></td><td></td><td></td></tr>
<tr><td></td><td></td><td></td><td></td><td></td><td></td><td></td><td></td></tr>
<tr><td></td><td></td><td></td><td></td><td></td><td></td><td></td><td></td></tr>
<tr><td></td><td></td><td></td><td></td><td></td><td></td><td></td><td></td></tr>
<tr><td></td><td></td><td></td><td></td><td></td><td></td><td></td><td></td></tr>
<tr><td rowspan="3">备注</td><td colspan="3" rowspan="3"></td><td rowspan="2">点收</td><td rowspan="2">检验</td><td colspan="2">经办部门</td></tr>
<tr><td>主管</td><td>经办</td></tr>
<tr><td></td><td></td><td></td><td></td></tr>
</table>

2. 自制原始凭证按填制手续及内容的不同，又可分为一次凭证、累计凭证和汇总原始凭证

（1）一次凭证。一次凭证是指只反映一项经济业务或同时记录若干项同类性质经济业务的原始凭证，其填制手续是一次完成的。如各种外来原始凭证，内部有关部门领用材料的“领料单”，职工“借款单”，购进材料的“入库单”，以及根据账簿记录和经济业务的需要而编制的记账凭证（“材料费用分配表”）等都是一次凭证。表 2-3 为办公用品入库单。

表 2-3　**办公用品入库单**

<table>
<tr><td>采购日期</td><td colspan="2"></td><td>入库日期</td><td colspan="2"></td></tr>
<tr><td colspan="6">入库物品清单</td></tr>
<tr><td>序号</td><td>品名</td><td>数量</td><td>单价</td><td>金额</td><td>备注</td></tr>
<tr><td></td><td></td><td></td><td></td><td></td><td></td></tr>
<tr><td></td><td></td><td></td><td></td><td></td><td></td></tr>
<tr><td></td><td></td><td></td><td></td><td></td><td></td></tr>
<tr><td>采购人签字</td><td></td><td>入库人签字</td><td></td><td>领用人签字</td><td></td></tr>
</table>

（2）累计凭证。累计凭证是指在一定时期内（一般以一月为限）连续发生的同类经济业务的自制原始凭证，其填制手续是随着经济业务事项的发生而分次进行的。如“限额领料单”是累计凭证。表 2-4 为材料限额领料单。

表 2-4 材料限额领料单

工程部位（桩号、高程）		领料单位	
材料名称	规格	单位	数量
备注			

技术员签字： 领料人： 日期：

（3）汇总原始凭证。汇总原始凭证是指根据一定时期内反映相同经济业务的多张原始凭证，汇总编制而成的自制原始凭证，以集中反映某项经济业务总括发生情况。汇总原始凭证可简化会计核算，提高工作效率，便于经济业务的比较分析。“工资汇总表”、“现金收入汇总表”、“发料凭证汇总表”等都是汇总原始凭证。表 2-5 为工资发放汇总表。

表 2-5 工资发放汇总表

编制单位：×××有限公司 所属月份： 年 月 发放日期： 金额单位：元

序号	姓名	职务	应发工资				应扣款项			实发金额	签名
			基本工资	出勤天数	岗位津贴	小计	事（病）假	旷工（违纪）	小计		
1											
2											
3											
合计											

批准： 财务负责人： 制表人：

3. 按照格式不同分类

（1）通用凭证。通用凭证是由有关部门统一印制、在一定范围内使用的具有统一格式和使用方法的原始凭证。如全国通用的增值税发票、银行转账结算凭证等。表 2-6 为增值税专用发票。

表 2-6

1400080002 ××增值税专用发票

发票联

No 00000026

开票日期：20×2 年 12 月 10 日

国税函［20××］××号×印钞厂

购货单位	名称：L市××有限公司 纳税人识别号：370000000000088 地址、电话：L市××区××路××号 05××-6660000 开户行及账号：××银行××支行 3700000800660000×××			密码区	＊42－/35＞389398/＋2－6164/80＊2 加密版本：01 －2052102－2544＜56221＊112＋＋64 1400080002 65256＊4561＜＞5566＋＋52555－＊498＜＋74＋759－＊－＊585＋644＞＋9＊589－00000026		
货物或应税劳务名称	规格型号	单位	数量	单价	金额	税率	税额
甲材料		kg	20 000	100	2 000 000	17%	340 000
合计					￥2 000 000		￥340 000
价税合计（大写）	⊗贰佰叁拾肆万元整				（小写）￥2 340 000.00		
销货单位	名称：M市××有限公司 纳税人识别号：×××××××××××××××× 地址、电话：M市开发区工业园××××-××××××× 开户行及账号：中国××银行开发区支行××-×××××××			备注	××有限公司 1 发票专用章		

第三联：发票联 购货方记账凭证

收款人：出纳　　复核：会计1　　开票人：会计2　　销货单位：（章）

（2）专用凭证。专用凭证是由单位自行印制，仅在本单位内部使用的原始凭证。如收料单、领料单、工资费用分配单、折旧计算表等。表 2-7 为工资费用分配表。

表 2-7

工资费用分配表

年　月　日　　单位：元

应借科目	生产工人工资额分配			直接工资	合计
	生产/维修工时	分配率	分配金额		
生产成本——甲产品					
——乙产品					
——丙产品					
小计					
制造费用					

续表

应借科目	生产工人工资额分配			直接工资	合计
	生产/维修工时	分配率	分配金额		
管理费用					
销售费用					
合计					

财务主管： 制表人：

（三）凭证填制方法

1. 一次凭证的填制方法。在经济业务发生或完成时，由经办人员填制，一般只反映一项经济业务，或者同时反映若干项同类性质的经济业务。

2. 累计凭证的填制方法。在一定时期不断重复地反映同类经济业务的完成情况，是由经办人每次经济业务完成后在其上面重复填制而成的。

3. 汇总原始凭证的填制方法。在会计的实际工作中，为了简化记账凭证的填制工作，将一定时期若干份记录同类经济业务的原始凭证汇总编制一张汇总凭证，用以集中反映某项经济业务的完成情况。汇总原始凭证是有关责任者根据经济管理的需要定期编制的。

4. 记账凭证的填制方法。由会计人员根据一定时期内某一账户的记录结果，对某一特定事项进行归类、整理而编制，以满足会计核算或经济管理的需要。出纳负责编制与现金、银行存款相关的记账凭证。

5. 外来凭证填制方法。在公司与外单位发生经济业务时，由外单位的经办人员填制。一般由税务局等部门统一印制或经税务部门批准由经济单位印制，在填制时加盖出具凭证单位公章、财务专用章或发票专用章方有效，网络打印发票需有电子印章方有效，对于一式多联的原始凭证必须用复写纸套写。

（四）原始凭证填制要求

1. 记录要真实。原始凭证所填列的经济业务内容和数字，必须真实可靠，即符合国家有关政策、法令、法规、制度的要求；原始凭证上填列的内容、数字，必须真实可靠，符合有关经济业务的实际情况，不得弄虚作假，更不得伪造凭证。

2. 内容要完整。原始凭证所要求填列的项目必须逐项填列齐全，不可遗漏和省略。

3. 手续要完备。公司自制的原始凭证必须有经办部门领导人或者其他指定的人员签名盖章；对外开出的原始凭证必须加盖本单位公章或财务专用章；从外部取得的原始凭证，必须盖有填制单位的公章或财务专用章；从个人取得的原始凭证，必须有填制人员的签名盖章。

4. 书写要清楚、规范。

(1) 大小写金额必须相符且填写规范，小写金额用阿拉伯数字逐个书写，不可连笔；

(2) 在金额前要填写人民币符号“¥”，人民币符号“¥”与阿拉伯数字之间不得留有空白，金额数字一律填写到角分，无角分的，写“00”或符号“—”，有角无分的，分位写“0”，不可用符号“—”；

(3) 大写金额用汉字壹、贰、叁、肆、伍、陆、柒、捌、玖、拾、佰、仟、万、亿、元、角、分、零、整等表示，一律用正楷或行书字书写，注意“佰”、“仟”是有“亻”旁的；

(4) 大写金额前未印有“人民币”字样的，应加写“人民币”三个字，“人民币”字样和大写金额之间不得留有空白；

(5) 大写金额到元或角为止，后面要写“整”或“正”字，有分的，不写“整”或“正”字。如小写金额为¥1 003.00，大写金额应写成“壹仟零叁元整”。如表 2-8 所示。

表 2-8 扣款单

扣款人员	赵可	部门	收银部	扣款日期	20×3 年 2 月 1 日
扣款原因/扣款依据	盘点损失责任人扣款				
金额大写	人民币：壹仟零叁元整				金额：¥1 003.00
扣款方式	从下月工资中扣回				
领导审批	石磊	出纳	朱朱	本人确认	赵可

注：大小写一致，小写金额前加“¥”，大写应顶格写或“人民币”字样，固定格式的表单，未填写数位加“⊗”。

5. 编号要连续。如果原始凭证已预先印制有编号，在书写有误需作废时，应加盖“作废”戳记，各联次完整妥善保管，不可撕毁。

6. 不得涂改、刮擦、挖补。原始凭证有错误的，应当由出具单位重开或更正，更正处应当加盖出具单位印章。涉及原始凭证金额错误的情况，应当由出具单位重开，不得在原始凭证上更正。

7. 填制要及时。各种原始凭证一定要及时填写，并按规定的程序及时送交会计部门、会计人员进行审核。后章节将结合实例进行讲解。

（五）原始凭证分割

如出现与其他公司共同承担费用，而票据只有一张或只能提供给一方的情况，则票据接收方需要制作原始凭证分割单与另一费用承担方作为入账凭证，原始凭证分割单就相当于另一公司的自制凭证。

原始凭证分割单必须具备原始凭证的基本内容（凭证名称、填制凭证日期、填制凭证单位名称或者填制人姓名、经办人的签名或者盖章、接受凭证单位名称、经济业务内容、数量、单价、金额），标明费用分摊情况，并且分割单上应加盖单位的财务专用章。原始凭证分割单见表 2-9。

表 2-9 原始凭证分割单

20×3 年 02 月 01 日

<table>
<tr><td>接受单位</td><td colspan="3">B公司</td><td>地址</td><td colspan="2">略</td></tr>
<tr><td rowspan="2">原始凭证</td><td>单位名称</td><td colspan="2">A公司</td><td>地址</td><td colspan="2">略</td></tr>
<tr><td>凭证名称</td><td>发票</td><td>日期</td><td>20×3-2-1</td><td>编号</td><td>2013＊＊0028</td></tr>
<tr><td>总金额</td><td colspan="5">人民币（大写）捌仟捌佰元整</td><td>十 万 千 百 十 元 角 分
¥ 8 8 0 0 0 0</td></tr>
<tr><td>分割金额</td><td colspan="5">人民币（大写）肆仟肆佰元整</td><td>十 万 千 百 十 元 角 分
¥ 4 4 0 0 0 0</td></tr>
<tr><td>原始凭证主要内容、分割原因</td><td colspan="6">填写具体原因，说明清楚即可。</td></tr>
<tr><td>XX有限公司财务专用章
备注</td><td colspan="6">该原始凭证附在本单位 20×3 年 02 月 01 日第 03 号记账凭证内</td></tr>
</table>

分割单位（盖章有效）： 填制人：×××

（六）发票项目基本介绍

1. 发票的基本内容。依据《中华人民共和国发票管理办法实施细则》规定，发票的基本内容包括：发票的名称、发票代码和号码、联次及用途、客户名称、开户银行及账号、商品名称或经营项目、计量单位、数量、单价、大小写金额、开票人、开票日期、开票单位（个人）名称（章）等。省级以上税务机关可根据经济活动以及发票管理需要，确定发票的具体内容。

2. 发票的分类代码。发票的分类代码是为了便于发票的识别而按照一定规律设置的一组 12 位的号码，统一印制在发票右上角的第一排，发票分类代码是区分新旧版发票的重要标志。

3. 发票号码。发票号码是为了便于发票的管理，防止发票的造假等违法行为而在发票上按照一定规律设置的8位顺序号码，统一印制在发票的右上角，排在分类代码的下方。对接收的发票真假有疑义，可通过发票号码在发票真伪查询网进行查询。

4. 专业发票。专业发票包括国有金融、保险企业的存贷、汇兑、转账凭证、保险凭证；国有邮政、电信企业的邮票、邮单、话务、电报收据；国有铁路、民用航空企业和交通部门国有公路、水上运输企业的客票、货票等。

5. 全国统一发票监制章。全国统一发票监制章是税务机关管理发票的法定标志，其形状、规格、内容、印色由国家税务总局规定。现行的“发票监制章”形状为椭圆形，上方印有“全国统一发票监制章”字样，下方印有“国家（或地方）税务局监制”字样，中间为发票监制税务机关所在地省（市、区）、市（县）的全称或简称，字体为正楷，印色为大红色。除经国家税务总局或国家税务总局省、自治区、直辖市税务分局和省、自治区、直辖市地方税务局依据各自的职责批准外，发票均应套印全国统一发票监制章。但对国有金融、保险、邮电、民航等单位的专业发票，经国家税务总局或省、自治区、直辖市分局批准，由国务院或省、自治区、直辖市人民政府的有关主管部门自行管理，可不套印税务局的发票监制章。但上述单位承包或租赁给非国有单位和个人经营或采取国有民营形式所用的专业发票，以及上述单位的其他发票均应套印发票监制章，纳入税务机关统一管理的发票范围。

6. 销售单位章。即开票方的印章，要求为公司的发票专用章。盖章应清晰、完整。

7. 目前社会上发票造假情况严重，在接收票据时应进行真假识别，做到四个字：听、看、摸、测。

一听：票据纸张抖动时挺括，有清脆的声音。

二看：观察票据水印、全埋式安全线、彩虹印刷及渗透性油墨。

三摸：票据纸张厚实挺括的手感，号码有凹凸感。

四测：（1）看特征防伪造。特征：纸张（水印、纤维丝）、油墨、印刷等。（2）看痕迹防变造。痕迹：号码处的双色底纹、荧光油墨、大小写金额处的缩微文字、红水线。

二、记账凭证的分类与填制

记账凭证是收到上述所列原始单据，经审核无误后由会计人员编制，进行会计科目核算，作为登记账簿依据的会计分录凭证，有些单位与货币资金收付相关的业务凭证由出纳人员编制。此处做简单介绍，以后章节将结合实例进行讲解。

（一）记账凭证的分类

记账凭证按所反映的经济业务内容可分为收款凭证、付款凭证、转账凭证、通用记账凭证。

1. 收款凭证是根据现金、银行存款增加的经济业务填制。

收款凭证的填制方法：凭证左上角“借方科目”处，按照业务内容选填“银行存款”或“库存现金”科目；凭证上方的“年、月、日”处，填写财会部门受理经济业务事项制证的日期；凭证右上角的“ 字第 号”处，填写“银收”或“收”字和已填制凭证的顺序编号；“摘要”栏填写能反映经济业务性质和特征的简要说明；“贷方一级科目”和“二级科目”栏填写与银行存款或现金收入相对应的一级科目及其二级科目；“金额”栏填写与同一行科目对应的发生额；“合计栏”填写各发生额的合计数；凭证右边“附单据张”处需填写所附原始凭证的张数；凭证下边分别由相关人员签字或盖章；“记账”栏则应在已经登记账簿后划“√”符号，表示已经入账，以免发生漏记或重记错误。收款凭证如表 2-10 所示。

表 2-10　　收款凭证

借方科目 银行存款　　　　20×3 年 2 月 1 日　　　　收字第收 01　号

摘要	贷方总账科目	明细科目	记账符号	金额								
				佰	十	万	千	百	十	元	角	分
收到××公司货款	应收账款	××公司	√			5	5	0	0	0	0	0
合　计					¥	5	5	0	0	0	0	0

附单据 1 张

财务主管：××　　记账：××　　出纳：××　　审核：××　　制单：××

2. 付款凭证是根据现金、银行存款减少的经济业务填制。

付款凭证的格式及填制方法与收款凭证基本相同，只是将凭证的“借方科目”与“贷方科目”栏目交换位置；填制时先填写“贷方科目”的“库存现金”或“银行存款”科目，再填写作为与付出现金或银行存款相对应的一级科目和二级科目。

另外，对于现金和银行存款之间以及各种银行存款之间相互划转业务的，一般只填制一张付款凭证。如从银行取出现金备用，根据该项经济业务的原始凭证，只填制一张银行存款付款凭证。记账时，根据该凭证同时记入“库存现金”和“银行存款”账户。这种方法不仅可以减少记账凭证的编制，而且可以避免重复记账。付款凭证格式具体见表 2-11。

表 2-11　　付款凭证

贷方科目　库存现金　　　　20×3 年 2 月 1 日　　　　付字第付 01 号

摘要	借方总账科目	明细科目	记账符号	金额								
				佰	十	万	千	百	十	元	角	分
张三借差旅费	其他应收款	张三	√				2	0	0	0	0	0
合　计						¥	2	0	0	0	0	0

附单据 1 张

财务主管：××　记账：××　出纳：××　审核：××　制单：××

3. 转账凭证是记录与货币资金收付无关的业务的凭证，如分配工资费用、计提固定资产折旧、产成品完工入库等业务编制的记账凭证。由于此类凭证皆由会计人员填制，故不做细述。

4. 通用记账凭证是指用于记录所有经济业务的会计凭证。

通用记账凭证不再分现金、银行存款、转账业务。通常适用于经济业务较简单、规模较小、收付款业务较少的单位。通用记账凭证的格式与转账凭证基本相同，如表 2-12 所示。

此外，记账凭证按所反映的经济业务内容还可分为单式记账凭证和复式记账凭证。单式记账凭证是将一项经济业务所涉及的每个会计科目分别单独填制的记账凭证，每张记账凭证只登记一个会计科目，一项经济业务涉及几个会计科目就要填制几张记账凭证。复式记账凭证是将一项经济业务所涉及的全部会计科目都填制在一张记账凭证上，收款凭证、付款凭证和转账凭证、通用记账凭证都是复式记账凭证。工作中应用最广泛的是复式记账凭证，而单式凭证现在很少使用，此处不再赘述。

表 2-12

记账凭证

20×3 年 2 月 1 日　　　　　　　　第 03 号

摘要	总账科目	明细科目	记账符号	借方金额									记账符号	贷方金额									
				佰	十	万	千	百	十	元	角	分		佰	十	万	千	百	十	元	角	分	附单据 1 张
2月1日提取备用金	库存现金		√			4	9	0	0	0	0	0											
2月1日提取备用金	银行存款	基本户											√			4	9	0	0	0	0	0	
合　计					¥	4	9	0	0	0	0	0			¥	4	9	0	0	0	0	0	

财务主管：××　　记账：××　　出纳：××　　审核：××　　制单：××

（二）凭证具体填写要求

（1）收款凭证、付款凭证是由出纳人员根据审核无误的原始凭证填制，通常是先收付款，后填制凭证；

（2）在凭证左上方的“借/贷方科目”处填写依据实际业务填写“库存现金/银行存款”；

（3）在日期与凭证号处填写日期（实际付款的日期）和凭证编号；

（4）在凭证内填写经济业务的摘要；

（5）在凭证内“借/贷方总账科目”栏填写与“库存现金”或“银行存款”对应的“借/贷”方科目；

（6）在“金额”栏填写金额；

（7）在凭证的右侧填写所附原始凭证的张数；

（8）在凭证的下方由相关责任人签字、盖章。

三、会计账簿的分类

由于各个公司的经济业务和经营管理的要求不同，所设立的账簿种类也有所不同，为了便于了解和运用会计账簿，需对账簿做基本了解。现从不同角度对其进行分类介绍。

（一）按用途分类

会计账簿按用途不同，可分为序时账簿、分类账簿和备查账簿。

1. 序时账簿，也称日记账，是指按照经济业务发生时间的先后顺序逐日逐笔登记的账簿。序时账簿按其记录内容的不同，又可分为普通日记账和特种日记账。

（1）普通日记账是指用来逐日逐笔记录全部经济业务的序时账簿。

（2）特种日记账是指用来逐日逐笔记录某一类经济业务的序时账簿。我们出纳登记的现金日记账和银行存款日记账就属此类。现金日记账格式见表 2-13。

表 2-13

现金日记账

20×3年		凭证编码			摘要	收入（借方）金额										付出（贷方）金额										借或贷	结存金额									
月	日	字	号	支票号		千	百	十	万	千	百	十	元	角	分	千	百	十	万	千	百	十	元	角	分		千	百	十	万	千	百	十	元	角	分
					承前页																									2	3	2	5	3	1	0
2	1	收	01	001	提备用金				4	9	0	0	0	0	0															7	2	2	5	3	1	0
2	1	付	01	—	支付张三借支差旅费款															2	0	0	0	0	0					7	0	2	5	3	1	0
2	1	付	02	—	支付李四报销款																2	0	0	0	0					7	0	0	5	3	1	0
					过次页				4	9	0	0	0	0	0					2	2	0	0	0	0					7	0	0	5	3	1	0

2. 分类账簿是指对发生的全部经济业务按照会计科目进行分类分别登记的账簿。分类账簿按其反映内容的详细程度不同，又可分为总分类账簿和明细分类账簿。

（1）总分类账簿简称总账，是根据一级会计科目设置，用以总括反映经济业务的账簿。总账对明细账具有统驭和控制作用。

（2）明细分类账簿简称明细账，是根据明细会计科目设置，用以详细反映经济业务的账簿。明细账是对总账的补充和具体化。在实际工作中，每个会计主体可以根据经营管理的需要，为不同的总账账户设置所属的明细账。明细分类账格式见表 2-14。

3. 备查账簿，也称辅助账簿，是指对在日记账和分类账中未记录或记录不全的经济业务进行补充登记的账簿。它不是根据会计凭证登记的账簿，也没有固定的格式。备查簿格式如前文所列的表 1-6 和表 1-7。

（二）按格式分类

会计账簿按格式不同可分为两栏式账簿、三栏式账簿、数量金额式账簿和多栏式账簿。

（1）两栏式账簿是指只有借方和贷方两个基本金额栏目的账簿，各种收入、费用类账户都可以采用两栏式账簿。

表 2-14

应收账款　明细账

账户名称：应收账款——M 公司

20×3 年		凭证编码	摘要	收入（借方）金额										付出（贷方）金额										借或贷	结存金额										核对
月	日			千	百	十	万	千	百	十	元	角	分	千	百	十	万	千	百	十	元	角	分		千	百	十	万	千	百	十	元	角	分	
			承前页																					借					9	0	0	0	0	0	√
2	1	01	销售 A 产品货款				2	3	5	0	0	0	0											借				3	2	5	0	0	0	0	
2	10	22	收到货款														2	0	0	0	0	0	0	借				1	2	5	0	0	0	0	
2	20	32	销售 A 产品货款				1	5	0	0	0	0	0											借				2	7	5	0	0	0	0	
2	28	60	销售 A 产品货款				2	0	0	0	0	0	0											借				4	7	5	0	0	0	0	
			过次页				5	8	5	0	0	0	0				2	0	0	0	0	0	0	借				4	7	5	0	0	0	0	

（2）三栏式账簿是指采用借方、贷方、余额三个主要栏目的账簿。一般适用于各种日记账、总分类账以及资本、债权债务明细账。现金日记账、银行存款日记账就属此类。

（3）数量金额式账簿是指采用在借方（收入）、贷方（发出）、余额（结存）三个主要栏目的基础上，需要反映数量与金额双重指标的账簿。一般适用于具有实物形态的财产物资的明细账，如原材料明细账，库存商品、产成品明细账。

（4）多栏式账簿是指在借方栏或贷方栏下设置多个栏目用以反映经济业务不同内容的账簿。一般适用于成本、费用类的明细账，如管理费用明细账、生产成本明细账、制造费用明细账等。多栏式明细账格式见表 2-15。

（三）按外形分类

会计账簿按外形不同，可分为订本式账簿、活页式账簿和卡片式账簿。

（1）订本式账簿。简称订本账，是指在未启用前就把一定数量的账页固定装订成册的账簿。订本账可以避免账页散失并防止抽换账页，确保账簿资料的完整，但在同一时间只能由一人登账，不便于记账人员的分工。总分类账、现金日记账和银行存款日记账必须采用订本账。

（2）活页式账簿，简称活页账，是指年度内账页不固定装订成册，而置于活页账夹中，可以根据需要随时增加或抽减账页的账簿。活页账可以随时抽换、增减账页，便于记账人员的分工、记账，但账页容易散失、抽换。活页账在会计年度终了时，应及时装订成册，妥善保管。明细账多采用活页账。

表 2-15：多栏明细账

生产成本　明细账

20×1年		凭证编号	摘要	借方金额	贷方金额	借或贷	余额	金额分析				
月	日			十万万千百拾元角分	十万万千百拾元角分		十万万千百拾元角分	工资 万千百拾元角分	福利 万千百拾元角分	材料 万千百拾元角分	电费 万千百拾元角分	制造费用 万千百拾元角分
1	1		上年结转			借	1000000					
1	2	1	支付本月工资	10000		借	1010000	10000				
1	2	2	计提本月福利	1400		借	1011400		1400			
1	5	3	车间领用材料	100000		借	1111400			100000		
1	6	4	支付本月电费	100000		借	1211400				100000	
1	26	10	转入本月制造费用	20000		借	1231400					20000
1	31	21	结转本月完工产品成本		900000	借	331400					
			本月合计	231400	900000							
			本年累计	231400	900000							

注：适用于生产成本、管理费用、制造费用、财务费用等科目。

（3）卡片式账簿，简称卡片账，是指由若干具有相同格式的卡片作为账页组成的账簿。卡片账的卡片通常装在卡片箱内，不用装订成册，随时可取可放可移动，也可跨年度长期使用，但卡片容易丢失。一般情况下，固定资产明细账采用卡片账。

（四）现金日记账的使用

1. 现金日记账是专门用来记录现金收支业务的一种特种日记账。现金日记账必须采用订本式账簿，其账页格式一般采用“收入（借方）”、“支出（贷方）”和“余额”三栏式。现金日记账是由出纳人员根据审核后的现金收、付款凭证，逐日逐笔顺序登记。由于从银行提取现金的业务，只填制银行存款付款凭证，不填制现金收款凭证，因而从银行提取现金的现金收入数额应根据有关的银行存款付款凭证登记。每日业务终了时，应计算、登记当日现金收款合计数、现金支出合计数，以及账面结余额，并将现金日记账的账面余额与库存现金实有数核对，借以检查每日现金收入、付出和结存情况。

2. 现金日记账是用来登记库存现金每天的收入、支出和结存情况的账簿。企业应按币种设置现金日记账进行明细分类核算。现金日记账的格式一般有“三栏式现金日记账”、“多栏式现金日记账”和“收付分页式日记账”三种。在实际工作中大多采用的是三栏式账页格式。现在也有不少企业采用多栏式日记账，即将收入栏和支出栏分别按照对方科目设置若干专栏。多栏式现金日记账，按照现金收、付的每一对应科目设置专栏进行序时、分类登记，月末根据各对应科目的本月发生额一次过记总分类账，因而不仅可以清晰地反映现金收、付的来龙去脉，而且可以简化总分类账的登记工作。在采用多栏式现金日记账的情况下，如果现金收、付的对应科目较多，为了避免账页篇幅过大，可分设现金收入日记账和现金支出日记账。

3. 账簿启用与登记。

（1）现金日记账是各单位重要的经济档案之一，为保证账簿使用的合法性，明确经济责任，防止舞弊行为，保证账簿资料的完整和便于查找，在启用时，首先要按规定内容逐项填写“账簿启用表”和“账簿目录表”。在账簿启用表中，应写明公司名称、账簿名称、账簿编号和启用日期；在经管人员一栏中写明经管人员姓名、职别、接管或移交日期，由会计主管人员签名盖章，并加盖单位公章。在一本日记账中设置有两个以上现金账户的，应在第二页“账户目录表”中注明各账户的名称和页码，以方便登记和查核。

（2）现金日记账通常由出纳人员根据审核后的现金收、付款凭证，逐日逐笔顺序登记。登记现金日记账总的要求是：分工明确，专人负责，凭证齐全，内容完整，登记及时，账款相符，数字真实，表达准确，书写工整，摘要清楚，便于查阅，不重记，不漏记，不错记，按期结账；不拖延积压，按规定方法更正错账等。具体要求如下：

①根据复核无误的收、付款记账凭证记账。现金出纳人员在办理收、付款时，应当对收款凭证和付款凭证进行仔细的复核，并以经过复核无误的收、付款记账凭证和其所附原始凭证作为登记现金日记账的依据。如果原始凭证上注明“代记账凭证”字样，经有关人员签章后，也可作为记账的依据。

②所记载的内容必须同会计凭证相一致，不随便增减。每一笔账都要记明记账凭证的日期、编号、摘要、金额和对应科目等。经济业务的摘要不能过于简略，应以能够清楚地表述业务内容为度，便于事后查对。日记账应逐笔分行记录，不可将收款凭证和付款凭证合并登记，也不可将收款付款相抵后以差额登记。登记完毕，应当逐项复核，复核无误后在记账凭证上的“账页”一栏内做出“过账”符号“√”，表示已经登记入账。

③逐笔、序时登记日记账，做到日清月结。为了及时掌握现金收、付和结余情况，现金日记账必须当日账务当日记录，并于当日结出余额；有些现金收、付业务频繁的单位，还应随时结出余额，以掌握收支计划的执行情况。

④必须连续登记，不得跳行、隔页，不得随便更换账页和撕去账页。现金日记账采用订本式账簿，其账页不得以任何理由撕去，作废的账页也应留在账簿中。在一个会计年度内，账簿尚未用完时，不得以任何借口更换账簿或重抄账页。记账时必须按页次、行次、位次顺序登记，不得跳行或隔页登记，如不慎发生跳行、隔页时，应在空页或空行中间划线加以注销，或注明“此行空白”、“此页空白”字样，并由记账人员盖章，以示负责。

⑤文字和数字必须整洁清晰，准确无误。在登记书写时，不滥造简化字，不使用同音异义字，不写怪字体；摘要文字紧靠左线；数字要写在金额栏内，不得越格错位、参差不齐；文字、数字字体大小适中，紧靠下线书写，上面要留有适当空距，一般应占格宽的二分之一，以备按规定的方法改错。记录金额时，如为没有角分的整数，应分别在角分栏内写上“0”，不可省略不写或以“—”号代替。阿拉伯数字一般可向右适当倾斜，以使账簿记录整齐、清晰。为防止字迹模糊，墨迹未干时不要翻动账页；夏天记账时，可在手臂下垫一块软质布或纸板等书写，避免汗水浸糊字迹。

⑥使用钢笔，以蓝、黑色墨水书写，不可使用圆珠笔（银行复写账簿除外）或铅笔书写。但按照红字冲账凭证冲销错误记录及会计制度中规定用红字登记的业务可以用红色墨水记账，因此红色字体不可随便使用。

⑦每一账页记完后，必须按规定转页。为便于计算了解日记账中连续记录的累计数额，并使前后账页的合计数据相互衔接，在每一账页登记完毕结转下页时，应结出本页发生额合计数及余额，写在本页最后一行和下页第一行的有关栏内，并在摘要栏注明“过次页”和“承前页”字样。也可以在本页最后一行用铅笔字结出发生额合计数和余额，核对无误后，用蓝、黑色墨水在下页第一行写出上页的发生额合计数及余额，在摘要栏内写上“承前页”字样，不再在本页最后一行写“过次页”的发生额和余额。

⑧现金日记账必须逐日结出余额，每月月末必须按规定结账。现金日记账不可出现贷方余额（或红字余额）。

⑨记录发生错误时，必须按规定方法更正。为了提供在法律上有证明效力的核算资料，保证日记账的合法性，账簿记录不得随意涂改，严禁刮、擦、挖、补，或使用化学药物清除字迹。发现差错必须根据差错的具体情况采用划线更正、红字更正、补充登记等方法更正。

4. 账证、账账与账实核对。

(1) 为了使现金日记账的账面记录完整与准确，使其与有关的账目、款项相符，日常工作中出纳人员在收、付现金以后，要及时记账，并且要按照一定的程序进行对账。

(2) 对账，就是对账簿记录的内容进行核对，使账证、账账和账实相符的过程。现金日记账的账证核对，主要是指现金日记账的记录与有关的收、付款凭证进行核对；账账核对，则是指现金日记账与现金总分类账的期末余额进行核对；账实核对，则是指现金日记账的余额与实际库存数额的核对。具体操作方法如下：

①现金日记账与现金收付款凭证核对。收、付款凭证是登记现金日记账的依据，账目和凭证应完全一致。在记账过程中，由于粗心等原因，往往会发生重记、漏记、记错方向或记错数字等情况。账证核对要按照业务发生的先后顺序一笔一笔地进行。检查的项目主要是：核对凭证编号；复查记账凭证与原始凭证，看两者是否完全相符；查对账证金额与方向的一致性；检查如发现差错，即按规定方法更正，确保账证完全一致。

②现金日记账与现金总分类账的核对。现金日记账是根据收、付款凭证逐笔登记，现金总分类账是根据收、付款凭证汇总登记，记账依据相同，记录的结果应该完全一致。但是，由于两种账簿是由不同人员分别登记，而且总账一般是汇总登记，在汇总和登记过程中，都有可能发生差错；日记账是一笔一笔地记录，记录的次数很多，也难免发生差错。因此，出纳应定期出具“出纳报告单”与总账会计进行核对。平时要经常核对两账的余额，每月终了结账后，总分类账各个科目的借方发生额、贷方发生额和余额都已试算平衡，将总分类账中现金本月借方发生额、贷方发生额以及月末余额分别同现金日记账的本月收入（借方）合计数、本月支出（贷方）合计数和余额相互核对，查看账账之间是否完全相符。如果不符，应先查出差错出在哪一方，如果借方发生额出现差错，应查找现金收款凭证、银行存款付款凭证（提取现金业务）和现金收入一方的账目；反之则应查找现金付款凭证和现金付出一方的账目。找出错误后应按规定的方法加以更正，做到账账相符。

③现金日记账与库存现金的核对。出纳人员在每天业务终了以后，应自行清查账款是否相符。首先结出当天现金日记账的账面余额，再盘点库存现金的实有数，看两者是否完全相符。在实际工作中，凡是有当天来不及登记的现金收、付款凭证的，均应按“库存现金实有数＋未记账的付款凭证金额－未记账的收款凭证金额＝现金日记账账存余额”的公式进行核对。反复核对仍不相符，即说明当日记账或实

际现金收、付有误。在这种情况下，出纳人员一方面应向会计负责人报告，另一方面应对当天办理的收、付款业务逐笔回忆，争取尽快找出差错的原因。

（五）银行存款日记账的使用

1. 银行日记账是专门用来记录银行存款收支业务的一种特种日记账。银行存款日记账必须采用订本式日记账，其账页格式一般采用“收入（借方）”、“支出（贷方）”和“余额”三栏式。银行存款收入数额应根据有关的银行收款凭证和现金付款凭证登记。每日业务终了时，应计算、登记当日的银行存款收入合计数、银行存款支出合计数及账面结余额，以便检查监督各项收入和支出款项，避免坐支现金，并定期（一般为每月初）同银行对账单核对。

2. 银行存款日记账是用来反映银行存款增加、减少和结存情况的账簿。应按币种设置银行存款日记账进行明细分类核算，其格式有“三栏式”、“多栏式”和“收付分页式”三种。三栏式较为普遍，但现在也有不少企业银行存款日记账采用多栏式的格式，即将收入栏和支出栏分别按照对方科目设置若干专栏。多栏式银行存款日记账按照银行存款收、付的每一对应科目设置专栏进行序时、分类登记，月末根据各对应科目的本月发生额一次性登记总账有关账户，从而不仅可以清晰地反映银行存款收、付的来龙去脉，而且可以简化总分类账的登记工作。在采用多栏式银行存款日记账的情况下，如果银行存款收、付的对应科目较多，为避免账页篇幅大，可以分设银行存款收入日记账和银行存款支出日记账。

3. 账簿启用与登记。

（1）银行存款日记账也是各单位重要的经济档案之一，在启用账簿时，也应按有关规定和要求填写“账簿启用登记表”，具体内容和要求可参照现金日记账的启用。

（2）银行存款日记账是由出纳人员根据审核后的有关银行存款收、付款凭证，逐日逐笔顺序登记的。登记银行存款日记账总的要求是：银行存款日记账由出纳人员专门负责登记，登记时必须做到反映经济业务的内容完整，登记账目及时，凭证齐全，账证相符，数字真实、准确，书写工整，摘要清楚明了，便于查阅，不重记，不漏记，不错记，按期结算，不拖延积压，按规定方法更正错账，从而使账目既能明确经济责任又清晰美观。具体要求是：

①根据复核无误的银行存款收、付款记账凭证登记账簿。

②所记载的经济业务内容必须同记账凭证相一致，不得随便增减。

③要按经济业务发生的顺序逐笔登记账簿。

④必须连续登记，不得跳行、隔页，不得随便更换账页和撕毁账页。

⑤文字和数字必须整洁清晰，准确无误。

⑥使用钢笔，以蓝、黑色墨水书写，不得使用圆珠笔（银行复写账簿除外）或铅笔书写。

⑦每一账页记完后，必须按规定转页。方法同现金日记账。

⑧每月月末必须按规定结账。

4. 账证、账账与账实核对。

银行存款日记账核对是通过与银行送来的对账单进行核对，主要包括两点内容：一是银行存款日记账与银行存款收、付款凭证互相核对，做到账证相符。二是银行存款日记账与银行存款总账相互核对，做到账账相符。因此账证、账账与账实核对为日常工作中的一大要点，具体核对步骤如下：

(1) 账证核对。

收付凭证是登记银行存款日记账的依据，账目和凭证应完全一致，但是在记账过程中，由于各种原因，往往会发生重记、漏记、记错方向或记错数字等情况。账证核对主要按照业务发生先后顺序一笔一笔进行核对。检查项目主要有：

①核对凭证的编号。

②检查记账凭证与原始凭证，看两者是否完全相符。

③查对账证金额与方向的一致性。

④检查中发现差错，要立即按照规定方法更正，以确保账证完全一致。

(2) 账账核对。

①银行存款日记账是根据收、付凭证逐项登记，银行存款总账是根据收付凭证汇总登记，记账依据相同，记录结果应一致，但由于两种账簿是不同人员分别登记，而且总账一般是汇总登记，在汇总和登记过程中，都有可能发生差错。日记账是一笔一笔地记，记录次数多，难免会发生差错。平时应经常核对两账的余额，每月终了结账后，总账各科目的借方发生额，贷方发生额以及月末余额都已试算平衡，一定还要将其分别同银行存款日记账中的本月收入合计数，支出合计数和余额相互核对。

②如果不符，先应查出差错在哪一方。借方发生额出现差错，应查找银行存款收款凭证和银行存款收入一方的账目；反之，则查找银行存款付款凭证和银行存款付出一方的账目。找出差错，加以更正，做到账账相符。

(3) 账实核对。

①公司账户在银行的存款实有数是通过“银行对账单”来反映的，所以账实核对是银行存款日记账定期与银行对账单核对，至少每月一次，这是出纳人员的一项重要日常工作。银行对账单每月可到银行指定窗口中领取，办理银行回单箱服务的直接到回单箱中领取即可。

②理论上讲，银行存款日记账的记录与银行对账单无论是发生额，还是期末余额都应是完全一致的，因为它是同一账号存款的记录，但是通过核对，会发现双方的账目经常出现不一致的情况，原因有两个：一是双方账目可能发生记录或计算上的错误，如单位记账漏记、重记，银行对账单串户等，这种错误应由双方及时查明原因，予以更正。二是有未达账项。未达账项是指由于期末银行估算凭证传递时间的差异，而造成的银行与开户单位之间一方入账，另一方尚未入账的账项。无论是记录有误还是有未达账项，都要通过单位银行存款日记账的记录与银行开出的银行

存款对账单进行逐笔"核对"才能发现。

③具体做法是出纳人员将银行提供的对账单同自己的银行存款日记账进行核对，核对时，需要对凭证的种类、编号、摘要、记账方向、金额、记账日期等内容进行逐项核对，凡是对账单与银行存款日记账记录内容相同的可用"√"在对账单和日记账上分别标示，以表明该笔业务核对一致；若有未达账项，应编制银行余额调节表进行调节，使双方余额相等。

举例：

20×3 年 2 月银行存款日记账余额为 20 800 元，银行对账单余额为 24 400 元，经核查有如下未达账项：

(1) 公司于月末存入银行的转账支票 3 500 元，银行未入账；

(2) 公司于月末开出转账支票 2 100 元，银行未入账；

(3) 委托银行代收的外埠货款 6 800 元，银行已收妥入账，公司未收到银行收款通知，未入账。

(4) 银行代付电费 1 800 元，公司未收到银行的付款通知，未入账。

据以上未达账项编制银行存款余额调节表，见表 2-16。

表 2-16

银行存款余额调节表

单位：元

开户行	×××	账号	×××
项目	金额	项目	金额
公司银行存款日记账余额	20 800	银行对账单余额	24 400
加：银行已收、公司未收款	6 800	加：公司已收、银行未收款	3 500
减：银行已付、公司未付款	1 800	减：公司已付、银行未付款	2 100
调节后余额	25 800	调节后余额	25 800

会计：××× 出纳：×××

四、银行账户的分类和使用

根据人民币银行账户管理相关规定，以公司名义在银行开立的银行账户即为公司银行结算账户。银行存款账户使用的相关规定有：

(1) 认真贯彻执行国家的政策、法令，遵守银行信贷结算和现金管理规定。银行对账户进行检查时，单位应提供账户使用情况的有关资料。

(2) 在银行开立的账户，只供本单位业务经营范围内的资金收付，不许出租、出借或转让给其他单位或个人使用。

（3）各种收付款凭证，必须如实填明款项来源或用途，不得巧立名目、弄虚作假；不得套取现金、套购物资。严禁利用账户搞非法活动。

（4）在银行的账户必须有足够的资金保证支付，不准签发空头的付款凭证和远期的支付凭证。

（5）应及时、正确地记载银行往来账务，并及时与银行寄送的对账单进行核对；若发现不符，应尽快查对清楚。

（6）银行结算账户依据不同用途分为：基本存款账户、一般存款账户、专用存款账户、临时存款账户。

（一）基本存款账户介绍

基本存款账户是存款人因办理日常转账结算和现金收付需要而开立的银行结算账户。

1. 基本存款账户适用对象

具有民事权利和民事行为能力，并依法独立享有民事权利和承担民事义务的法人或其他组织，或具有独立核算资格、有自主办理资金结算需要的非法人企业。

2. 基本存款账户开户原则

（1）一个公司只能在银行开立一个基本存款账户；

（2）已开立基本存款账户的公司，开立、变更或撤销其他三类账户，必须凭基本存款账户开户许可证办理相关的手续，并在基本存款账户开户许可证上进行相关信息登记，用于全面反映和控制公司的各类银行账户的开户、销户情况，加强银行结算账户的管理。

（3）基本存款账户在四类单位银行结算账户中处于统驭地位，是公司开立其他银行结算账户的前提，其他三类银行结算账户则作为其功能和作用的补充。

3. 基本存款账户使用要求

（1）基本存款账户是存款人的主办账户，存款人日常经营活动的资金收付及其工资、奖金和现金的支取，应通过此账户办理。

（2）如果此账户是由注册验资的临时存款账户转入，存款人即可办理收付款业务；如由其他银行转入或由一般存款账户转入，该账户应自“开户许可证”下发之日起 3 个工作日后，方可办理付款业务。但注册验资的临时存款账户转为基本存款账户和因借款转存开立的一般存款账户除外。

（3）当存款人在同一开户银行撤销银行结算账户后重新开立银行结算账户时，重新开立的银行结算账户自开立之日即可办理付款业务。

（4）“正式开立之日”即人民银行的核准日期。

4. 开立基本存款账户需提交证件材料

（1）证明文件，如营业执照（正副本）；

（2）组织机构代码证（正副本）；

(3) 税务登记证（正副本）；

(4) 法人身份证、开户许可证；

(5) 公司预留单即预留印鉴卡片（一般设定公章+法人章或财务章+法人章）；

(6) 若非法人亲自办理需提交授权书及授权人身份证。

注意：以上资料提交相关的证件需按要求年检。提交复印件上需加盖公章并标注“与原件相符”字样，各种证件提交复印件 2～4 份不等，具体依银行要求。

【相关链接】

根据《银行账户管理办法》的规定，申请开立基本存款账户应向开户银行出具下列证明文件之一：

(1) 当地工商行政管理机关核发的《企业法人营业执照》或《营业执照》；

(2) 中央或地方编制委员会、人事、民政等部门的批文；

(3) 军队军以上、武警总队财务部门的开户证明；

(4) 单位对附设机构同意开户的证明；

(5) 驻地有权部门对外地常设机构的批文；

(6) 承包双方签订的承包协议；

(7) 个人居民身份证、户口簿。

5. 基本存款账户开立的程序

(1) 申请开立基本存款账户，依开户行要求填制开户申请书（或申请表），提供规定的证件及相关材料；

(2) 持开户行签注的“同意在我行（社）开户”的申请书（或申请表）与印章、营业执照正副本、组织机构代码证、税务登记证等，到当地人民银行领取开户许可证；

(3) 将领取的开户许可证副本送交开户银行，银行据此立户，开户单位按银行要求在备查印鉴卡上预留印鉴；

(4) 向开户银行购买一定数量的转账支票与现金支票；

(5) 按银行要求，在开立的账户内转入或存入一定数量的资金以备使用。至此，便可合法使用新开立的银行账户。

6. 选择开立账户的银行

根据现行《银行账户管理办法》的规定，存款人可以自主地选择银行，银行也可以自愿选择存款人开立账户。企业应根据以下因素选择开户银行：

(1) 考虑公司与银行的距离，交通是否便利；

(2) 银行服务设施及项目是否先进、齐全；

(3) 银行能否直接办理异地快速结算；

(4) 公司与银行合作关系良好；

(5) 银行信贷资金是否雄厚，能否在企业困难时期提供一定的贷款支持等。

7. 银行预留印鉴卡片相关说明

(1) 印鉴卡片上填写的户名必须与公司名称一致。

（2）加盖与开户行约定的银行预留印鉴章，预留印鉴章通常为公司公章或财务专用章，以及公司负责人、财务机构负责人或出纳人员的私章。

（3）印鉴卡片是公司与银行事先约定的一种具有法律效力的付款依据，银行在办理结算业务时，凭印鉴卡片上预留的印鉴审核支付凭证的真伪。

（4）如果支付凭证上加盖的印章与预留的印鉴不符，银行可拒绝办理付款业务，以保障开户单位款项的安全。

（5）开户申请书、印鉴卡片等材料到银行柜台向银行人员直接索取。

（6）因印章使用时间久发生磨损或者公司名称改变、人员调动等原因需要更换印鉴时，应填写更换印鉴申请书，由开户银行发给新印鉴卡。将原印鉴盖在新印鉴卡的反面，将新印鉴盖在新印鉴卡的正面，并注明启用日期，交给开户银行。在更换印鉴前签发的支票仍然有效。更换银行印鉴所需资料如下：

①法人、私章所属人、经办人身份证原件、复印件；

②旧印鉴卡片（如遗失，需开具公司证明，说明丢失原因，并注明："有因此引发的一切经济纠纷由我司承担"等字样）；

③公安局收回旧公章的收条或报案回执，或遗失声明作废的报纸原件、复印件；

④公安局的刻章卡原件、复印件；

⑤变更印鉴申请书；

⑥公司名称或法人变更，提供工商局变更通知书原件、复印件；

⑦营业执照正本原件、复印件；

⑧组织机构代码证正本原件、复印件；

⑨税务登记证正本原件、复印件；

⑩开户许可证原件、复印件，法人授权委托书，法定代表人证明书，公章、财务专用章、私章等。

（二）一般存款账户介绍

一般存款账户是单位在基本存款账户以外，因借款或其他结算需要，在基本存款账户开户银行以外的营业机构开立的银行结算账户。

1. 开户注意事项

（1）因借款或其他结算需要，开立一般存款账户没有数量限制，可根据需要自主选择银行。但同一家公司不能在开立基本存款账户的开户银行开立一般存款账户。

（2）依据公司业务需要，结合不同银行的特色服务，如清算系统汇划快，结算速度快，汇款手续费低等，开立一般存款账户，不建议盲目开立多个账户，增加管理难度与成本。

（3）为规避集中存放资金于一家银行可能带来的风险，可以根据企业自身经营特点，选择基本户开户行以外的合作较好的银行开立一般存款账户。

2. 开户需提交文件

申请开立一般存款账户，需向银行出具如下证件材料：

(1) 基本存款账户开户许可证（基本存款账户开户许可证是除注册验资及临时机构开立的临时存款账户外的账户开立必备证明文件）。

(2) 信用机构代码证（适用有分公司的情况，部分银行会提供分公司的信用机构代码证）。

(3) 开立单位银行结算账户申请书（申请表）。

(4) 银行结算账户综合服务协议签署表（部分银行需要）。

(5) 银行结算账户相关业务授权书（非法人办理时）。

(6) 盖有存款人银行预留印章的印鉴卡片。

此外，依各银行情况，还需提交如下证明文件：

(1) 存款人因向银行借款需要，应出具借款合同；

(2) 存款人因其他结算需要，应出具相关证明文件。

3. 其他规定

(1) 一般存款账户用于办理存款人借款转存、借款归还和其他结算的资金收付。

(2) 一般存款账户可以办理现金缴存，但不得办理现金支取，不允许发放工资。工资、奖金和现金的支取，应通过基本存款账户办理。

(3) 部分银行对审核符合条件的公司可当场办理开户手续。

(4) 由借款转存开立的一般存款账户或在同一银行营业机构撤销银行结算账户后重新开立的银行结算账户，可即时办理收付款业务；因其他结算需要开立的一般存款账户，一般需自正式开立之日起3个工作日后，方可办理付款业务。

(5) 开立一般存款账户无须人民银行核准，自开户之日起5个工作日内通过人民银行账户管理系统向中国人民银行当地分支机关备案。其中“正式开立之日”为银行为对公客户办理开户手续的当日。

(三) 专用存款账户介绍

专用存款账户是存款人按照法律、行政法规和规章，对其特定用途资金进行专项管理和使用而开立的银行结算账户。

1. 需开立专用存款账户进行管理与使用的资金

(1) 基本建设资金。

(2) 更新改造资金。

(3) 财政预算外资金。

(4) 粮、棉、油收购资金。

(5) 证券交易结算资金。

(6) 期货交易保证金。

(7) 信托基金。

(8) 金融机构存放同业资金。

(9) 政策性房地产开发资金。

(10) 单位银行卡备用金。

(11) 党、团、工会设在单位的组织机构经费。

(12) 其他需要专项管理和使用的资金。公司所属的非独立核算单位或派出机构发生的收入和支出的资金即为收入汇缴资金和业务支出资金，因收入汇缴资金和业务支出资金开立的专用存款账户，应使用隶属公司的名称。

2. 开立专用存款账户需提交文件

申请开立专用存款账户，应向申请开户银行提交基本存款账户开户许可证、开户申请书（申请表）、盖有存款人银行预留印章的印鉴卡片和下列对应证明文件：

(1) 基本建设资金、更新改造资金、政策性房地产开发资金，应出具主管部门批文。

(2) 财政预算外资金，应出具财政部门的证明。

(3) 粮、棉、油收购资金，应出具主管部门批文。

(4) 单位银行卡备用金，应按照中国人民银行批准的银行卡章程的规定出具有关证明和资料。

(5) 证券交易结算资金，应出具证券公司或证券管理部门的证明。

(6) 期货交易保证金，应出具期货公司或期货管理部门的证明。

(7) 金融机构存放同业资金，应出具其证明。

(8) 收入汇缴资金和业务支出资金，应出具基本存款账户存款人有关的证明。

(9) 党、团、工会设在单位的组织机构经费，应出具该单位或有关部门的批文或证明。

(10) 其他按规定需要专项管理和使用的资金，应出具有关法规、规章或政府部门的有关文件。

注意：以上所列同一证明文件只能在银行开立一个专用存款账户。

3. 专用存款账户使用注意事项

(1) 银行卡账户的资金必须由其基本存款账户转账存入，此账户不办理现金收付业务。

(2) 财政预算外资金、证券交易结算资金、期货交易保证金和信托基金专用存款账户不得支取现金。

(3) 基本建设资金、更新改造资金、政策性房地产开发资金、金融机构存放同业资金账户支取现金，应在开户时在中国人民银行当地分支行批准的范围内办理。

(4) 粮、棉、油收购资金，社会保障基金，住房基金和党、团、工会经费等专用存款账户的现金支取应严格按照国家现金管理的规定办理。

(5) 收入汇缴账户除向基本存款账户或预算外资金财政专用存款户划缴款项外，只收不付，且不得支取现金。

(6) 业务支出账户除从基本存款账户拨入款项外，只付不收，且现金支取必须按照国家现金管理的规定办理。

(7) 部分银行限定人民币特殊账户资金不得用于放款或提供担保。

(四) 临时存款账户介绍

临时存款账户是因临时需要并在规定期限内使用而开立的银行结算账户。如设立临时机构、异地临时经营活动或注册验资等，可依据需要申请开立临时存款账户。

1. 临时存款账户申请与使用要求

(1) 临时存款账户应根据有关开户证明文件确定的期限或公司业务的需要确定其有效期限。在账户的使用中需要延长期限的，应在有效期限内向开户银行提出申请，并由开户银行报中国人民银行当地分支行核准后办理。

(2) 临时存款账户的有效期最长不得超过2年。

(3) 从临时存款账户支取现金，应按照国家现金管理的规定办理。

(4) 临时存款账户用于办理临时机构以及临时经营活动发生的资金收付。

2. 临时存款账户开立所需文件

单位开立临时存款账户应按照规定的程序办理并向银行出具下列证明文件：

(1) 临时机构，应出具其驻在地主管部门同意设立临时机构的批文。

(2) 异地建筑施工及安装单位，应出具其营业执照正本或其隶属单位的营业执照正本，以及施工及安装地建设主管部门核发的许可证或建筑施工及安装合同。

(3) 异地从事临时经营活动，应出具其营业执照正本以及临时经营地工商行政管理部门的批文。

(4) 注册验资资金，应出具工商行政管理部门核发的企业名称预先核准通知书或有关部门的批文。第(2)、(3)项还应出具其基本存款账户开户登记证。

(五) 银行账户撤销或变更

账户撤销常见的情况为一般结算账户撤销，如公司基本账户需要变更，则需有一备用一般结算账户，将款项转入此账户后，再办理基本结算账户撤销事项，办理完毕后，可再办理一般结算账户变更为基本结算账户手续。现就各种账户的销户、变更事项做简单介绍。

1. 基本存款账户销户

(1) 需提供的材料有：开户许可证；销户申请书；剩余的支票；印鉴卡；法人身份证原件及两份复印件(盖公章)；工商局出具的“企业注销通知书”(个别银行要国税、地税注销通知书原件及复印件)；若非法人到柜台办理，需提供经办人身份证原件及两份加盖公章的复印件，以及法人授权委托书。

(2) 银行同意申请后，企业应同开户银行核对存贷款户的余额并结算全部利息，全部核对无误后开出支取凭证结清余额，同时将未用完的各种重要空白凭证交给银行注销，然后才可办理销户、合并等手续。

（3）若公司不再营业，提供工商局的注销证明，可将剩余的资金以现金形式取出，若仍继续营业，则将资金转入公司同名账户，且基本账户应最后撤销，须先将所有一般账户撤销，将资金转入基本账户后再办理最后销户手续。

（4）撤销账户，需将空白凭证交还银行，未交还空白凭证而产生的一切问题由公司自己承担责任。

2. 一般结算账户销户

（1）需提供的材料有：销户申请书；剩余的支票；印鉴卡；法人身份证件及一份加盖公章的复印件；若非法人到柜台办理，需提供经办人身份证原件及加盖公章的复印件一份，以及法人授权委托书。

（2）如为扣税账户则还需提供工商、国税、地税的注销通知书原件及加盖公章的复印件。

（3）填开转账支票，将剩余资金转入同名其他账户。

3. 账户变更

（1）由于人事变动或其他原因需要变更公司财务专用章、财务主管印鉴或出纳员印鉴的，应填写“更换印鉴申请书”，并出具有关证明，经银行审查同意后，重新填写印鉴卡片，并注销原预留的印鉴卡片。

（2）企业因故需要变更账户名称，应向银行交验上级主管部门批准的正式函件，企业单位和个体工商户需交验工商行政管理部门登记注册的新营业执照，经银行审查核实后，变更账户名称或者撤销原账户，重立新账户。符合销户条件的，应在2个工作日内办理撤销；撤销基本存款账户后，需要重新开立基本存款账户的，应在撤销其原账户后10日内申请重新开立基本账户。

4. 迁移账户

（1）公司发生办公或经营地点搬迁时应到银行办理迁移账户手续。如果迁入地和迁出地在同一城市，可以凭迁出行出具的凭证到迁入行开立新户，搬迁异地的应按规定在迁入银行重新办理开户手续。在搬迁过程中，可要求原开户银行暂时保留原账户，但搬迁结束并已在当地恢复经营活动时，则应在一个月内到原开户银行结清原账户。

（2）公司账户连续一年以上没有发生收付活动的账户，开户银行经过调查认为该账户无须继续保留会通知开户单位，开户单位在接到通知后一个月内到银行办理销户手续，逾期不办理可视为自动销户，存款余额将作为银行收益。

（六）银行账户年检等相关事项

1. 银行账户年检

依据《中国人民币银行结算账户管理办法》等相关法律规定，我国施行账户年检制度，即每年度需向开户行提交账户年检资料，以便开户行对结算账户的合规性、合法性和账户信息、账户资料的真实性、有效性进行审核确认。

（1）在年检中，对不符合规定开立的银行结算账户，银行将作撤销处理；对经核实的各类银行结算账户的资料变动情况，如因撤并、解散、宣告破产或关闭，注销或被吊销营业执照，以及更换法人代表或负责人，迁址等，应及时办理变更手续。

（2）基本存款账户和临时机构临时存款账户（临时存款账户中验资账户不参加年检）年检时间一般为：5 月 1 日至 7 月 31 日；专用存款账户、一般存款账户年检时间一般为：8 月 1 日至 9 月 30 日。

（3）通常银行账户年检需要公司法人代表前往银行柜台办理，非本人需提交授权书。国内部分地区已开通银行账户在线年检，办理更加便捷。

（4）根据相关法规要求，办理银行账户年检需要携带材料如下：

①经年检合格的营业执照正副本原件及复印件；

②经年检合格的组织机构代码证正本原件及复印件；

③税务登记证正本原件及复印件；

④银行开户许可证原件及复印件；

⑤法人身份证原件及复印件；

⑥公司预留印鉴；

⑦若由经办人办理，需提供授权委托书、经办人身份证原件及复印件。

以上复印件都需要加盖单位公章。原则上基本存款账户办理年检后，才可办理其他账户年检事宜。办理基本存款账户年检不需要开户许可证，办理其他银行账户年检需要开户许可证。

（5）办理流程：持相关材料向银行受理窗口提出申请，并填写银行年检申请表。银行柜台工作人员对申请单位的材料和表格进行复审，无误后受理业务，办理后银行会把年检申请表客户回单那一联给经办人存档。

2. 银行账户税务报备

（1）从事生产、经营的纳税人应当按照国家有关规定，持税务登记证件，在银行或者其他金融机构开立基本存款账户和其他存款账户之日起 15 天内，将其全部账号向主管税务机关书面报告。

（2）账户发生变化，应当自变化之日起 15 天内，向主管税务机关书面报告。

（3）向主管税务机关报告银行账户情况，应填写纳税人存款账号报告表（一式两份），出示税务登记证副本，并报送银行开户许可证复印件。

（4）纳税人未按照规定将其全部银行账号向税务机关报告，由税务机关责令限期改正，可以处 2 000 元以下的罚款；情节严重的，处 2 000 元以上 10 000 元以下的罚款。

五、库存现金限额制度介绍

库存现金限额是指依据国家规定由开户银行给各单位核定一个保留现金的最高额度。银行根据实际需要核定3～5天的日常零星开支数额作为该单位的库存现金限额。边远地区和交通不便地区的开户单位，其库存现金限额的核定天数可以适当放宽在5天以上，但最多不得超过15天的日常零星开支的需要量。库存现金限额每年核定一次，经核定的库存现金限额，日常业务中需严格遵照执行。

（一）库存现金限额核定的具体程序

1. 开户单位与开户银行协商核定库存现金限额。计算公式为：

$$\text{库存现金限额}=\text{每日零星支出额}\times\text{核定天数}$$

其中，

$$\text{每日零星支出额}=\frac{\text{月（或季）平均现金支出额（不包括定期性的大额现金支出和不定期的大额现金支出）}}{\text{月（或季）平均天数}}$$

2. 填制“库存现金限额申请批准书”。

3. 将申请批准书报送单位主管部门，经主管部门签署意见，再提交开户银行审查批准，后凭开户银行批准的限额数作为库存现金限额。

（二）库存现金限额相关规定

1. 库存现金限额一般每年核定一次，因生产和业务发展、变化需要增加或减少库存限额时，可向开户银行提出申请，经批准后，方可进行调整，不得擅自超出核定限额增加库存现金。

2. 在几家银行开户，由一家开户银行核定开户单位库存现金限额。

3. 凡在银行开户的独立核算单位都要核定库存现金限额；独立核算的附属单位，由于没有在银行开户，但需要保留现金，也要核定库存现金限额，其限额可包括在其上级单位库存限额内；商业企业的零售门市部需要保留找零备用金，其限额可根据业务经营需要核定，但不包括在单位库存现金限额之内。

4. 现金收入应于当日送存银行，如当日确有困难，应确定送存时间，如遇特殊情况无法及时送存，应该在现金日记账上如实反映。

5. 送存现金和提取现金，必须注明送存现金的来源和支取的用途。

6. 按照《现金管理暂行条例》及其实施细则规定，企业、事业单位和机关、团体、部队的现金管理应遵循“八不准”原则，即：

（1）不准用不符合财务制度的凭证顶替库存现金；

（2）不准单位之间相互借用现金；

（3）不准谎报用途套取现金；

(4) 不准利用银行账户代其他单位和个人存入或支取现金；

(5) 不准将单位收入的现金以个人名义存入储蓄；

(6) 不准保留账外公款；

(7) 不准发行变相货币；

(8) 不准以任何票券代替人民币在市场上流通。

六、汇票、本票、支票

汇票、本票、支票同属狭义的票据范畴，其构成要素大致相同，都具有出票、背书、承兑、付款等流通证券的基本条件，都是可以转让的流通工具。

(一) 汇票基本介绍

汇票是由出票人签发的，要求付款人在见票时或在一定期限内，向收款人或持票人无条件支付一定款项的票据。汇票是国际结算中使用最广泛的一种信用工具。

1. 汇票的分类

(1) 汇票按出票人的不同分为银行汇票、商业汇票。

银行汇票是出票人和付款人均为银行的汇票；商业汇票是出票人为企业法人、公司、商号或者个人，付款人为其他商号、个人或者银行的汇票。

①商业汇票按承兑人不同可分为商业承兑汇票、银行承兑汇票，一般为 6 个月的期限（银行电子承兑汇票期限会更长）。商业承兑汇票由银行以外的付款人承兑，银行承兑汇票由银行承兑。

②商业汇票的付款人为承兑人，其付款地为承兑人所在地，适用于在银行开立存款账户的法人以及其他组织之间具有真实的交易关系或债权债务关系的款项结算。在银行开立存款账户的法人以及其他组织之间，必须具有真实的交易关系或债权债务关系，才能使用商业汇票。

③我国的银行承兑汇票每张票面金额最高通常为 1 000 万元（含）。办理银行承兑汇票会向承兑申请人收取一定数额的手续费（一般为票面金额的万分之五，不足 10 元的按 10 元计）。

④付款人应无条件承兑商业汇票，承兑附有条件的，视为拒绝承兑。

⑤商业汇票的提示付款期限为自汇票到期日起 10 日，持票人超过提示付款期限提示付款的，持票人开户银行可不予受理。

⑥贴现是商业汇票的持票人将未到期的票据通过向银行贴付一定利息而获得现金的票据转让行为。贴现实质上是企业融通资金的一种方式，除票据的初次贴现外，还有转贴现和再贴现。贴现、转贴现和再贴现的期限从其贴现之日起至汇票到期日止。

(2) 汇票按有无附属单据分为光票汇票、跟单汇票。

光票汇票本身不附带货运单据，银行汇票多为光票。

跟单汇票又称信用汇票、押汇汇票，是需要附带提单、仓单、保险单、装箱单、商业发票等单据，才能进行付款的汇票，商业汇票多为跟单汇票，在国际贸易中经常使用。

（3）汇票按付款时间区分分为即期汇票、远期汇票。

即期汇票指持票人向付款人提示后对方立即付款，又称见票即付汇票。

远期汇票是在出票一定期限后或特定日期付款。在远期汇票中，记载一定的日期为到期日，于到期日付款，为定期汇票；记载于出票日后一定期间付款，则为计期汇票；记载于见票后一定期间付款，为注期汇票；将票面金额划为几份，并分别指定到期日，为分期付款汇票。此类汇票在实务中较少见。

（4）汇票按流通地域分为国内汇票、国际汇票等。

如上所述汇票有多种，一般企业间使用较多的是银行汇票和银行承兑汇票，后文也是以银行汇票与银行承兑汇票进行案例介绍。

2. 银行汇票使用说明

（1）银行汇票目前按照使用范围主要分为全国银行汇票和华东三省一市银行汇票。华东三省一市银行汇票的应用区域包括江苏省、浙江省、安徽省和上海市。

（2）银行汇票可以用于转账，填明“现金”字样的银行汇票也可以用于支取现金，但现金银行汇票的申请人和收款人均必须为个人。

（3）银行汇票背书后可以转让。现金汇票不能背书转让。

（4）银行汇票的提示付款期限为自出票日起1个月。

（5）持票人向银行提示付款时，必须同时提交银行汇票和解讫通知。在银行开立存款账户的持票人向开户银行提示付款时，应在汇票背面“持票人向银行提示付款签章”处签章，签章须与预留银行签章相同。未在银行开立存款账户的个人持票人，可以向选择的任何一家银行机构提示付款。提示付款时，除在汇票背面“持票人向银行提示付款签章”处签章外，还应填明本人身份证件名称、号码及发证机关。

（6）银行汇票丧失，失票人可以凭人民法院出具的其享有票据权利的证明，向出票银行请求付款或退款。

（7）银行汇票流通环节见图2-1。

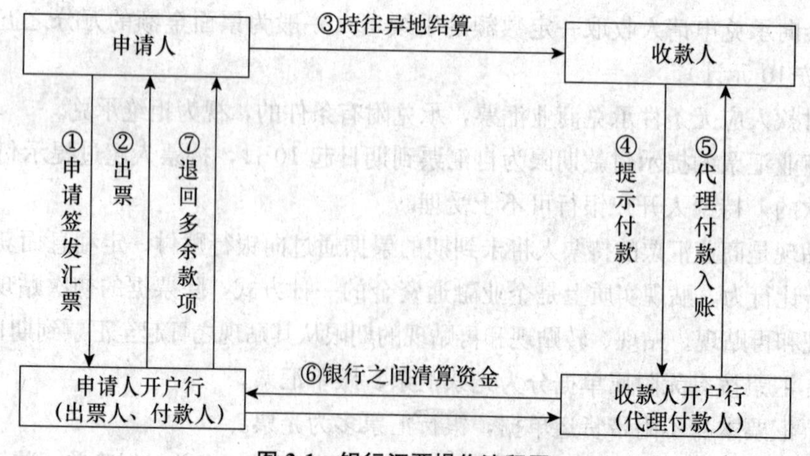

图2-1　银行汇票操作流程图

（二）电子汇票介绍

随着网络与电子技术的发展，依市场的需要而产生了电子汇票，即由出票人以数据电文形式制作，委托付款人在指定日期无条件支付确定金额给收款人或者持票人的票据。电子汇票后期将成为主流，也是重要的新型融资工具，主要特点在于，它具有以数据电文形式签发、流转，并以电子签名（指数据电文中以电子形式所含、所附用于识别签名人身的数据，类似于手写签名或印章，可称为电子印章）取代实体签章。安全性大大提升，期限延长（最长票期从6个月延长至1年，最大票额从1亿元放大至10亿元），传递及保管成本降低，票据的支付结算效率提高，同时，资金融通的操作成本也将大幅降低等优势。与传统汇票一样，电子汇票也分为电子银行承兑汇票和电子商业承兑汇票。

1. 电子汇票适用企业

（1）跨地区经营、财务管理信息化要求高的集团企业及其子公司；

（2）大型生产销售企业及其上下游供应链企业；

（3）以商业汇票作为日常经营活动结算工具的中小型企业；

（4）使用商业汇票进行结算的电子商务平台及其会员企业；

（5）资金管理规范、广泛开展商业汇票业务的各大财务公司；

（6）具备商业汇票业务经营资质、并提供相应服务的各级商业银行。

2. 电子汇票办理流程

（1）申请办理电子银行承兑汇票客户在承兑行开立结算账户；

（2）电子银行承兑汇票承兑行与用户双方签订电子商业汇票业务服务协议；

（3）客户填写电子商业汇票业务申请表，申请开办电子票据业务；

（4）电子银行承兑汇票承兑行为客户开通业务功能，并制作数字证书；

（5）电子银行承兑汇票承兑行与用户双方根据业务种类签定相应协议；

（6）客户具体办理电子银行承兑汇票业务。

办理流程与办理传统银行承兑汇票一致，办理时依据“一般银承、全额保证金银承”要求办理。“一般银承”视同贷款，先办理银行授信手续，需要提供担保（保证或抵质押）存入一定金额的承兑保证金（一般是申请票据金额的30%～50%）。“全额保证金银承”在银行属低风险业务，无须授信，需依据申请票面金额存入100%保证金。办理银行承兑汇票需要的企业资料有：营业执照、税务登记证、组织机构代码证、公司章程、验资报告、法人代表身份证、印鉴、其他银行要求提供资料，以及贷款卡。电子银行承兑汇票见表2-17。

3. 电子银行汇票背书要点

（1）电子银行承兑汇票通过电子化的手段完成票据流转，电子银行承兑汇票背书人通过网上银行、银行柜台或其他电子终端登录，录入背书申请信息（包括票据信息、背书人信息、被背书人信息），使用背书人的数字证书加盖电子签名。

打印日期：20×3 年 06 月 30 日
打印页码：第 1 页　共 1 页

表 2-17

电子银行承兑汇票

出票日期　贰零×叁年壹月叁拾壹日　　　　票据号码　0125210××05401

<table>
<tr><td rowspan="3">出票人</td><td>全称</td><td>略</td><td rowspan="3">收款人</td><td>全称</td><td>略</td></tr>
<tr><td>账号</td><td>略</td><td>账号</td><td>略</td></tr>
<tr><td>开户银行</td><td>略</td><td>开户银行</td><td>略</td></tr>
<tr><td>交易合同号码</td><td colspan="5">略</td></tr>
<tr><td>出票保证信息</td><td colspan="5">保证人名称：保证人地址：保证日期：</td></tr>
<tr><td rowspan="2">出票金额</td><td colspan="2" rowspan="2">人民币（大写）壹万元整</td><td colspan="3">亿 千 百 十 万 千 百 十 元 角 分</td></tr>
<tr><td colspan="3">　 　 　 ¥ 1 0 0 0 0 0 0</td></tr>
<tr><td rowspan="3">承兑信息</td><td colspan="2">出票人承诺：本汇票请予承兑，到期无条件付款</td><td rowspan="3">承兑行</td><td>全称</td><td>××银行××分部</td></tr>
<tr><td colspan="2" rowspan="2">承兑行承兑：本汇票请予承兑，到期无条件付款
承兑日期　贰零×叁年壹月叁拾壹日</td><td>行号</td><td>10200××110</td></tr>
<tr><td>地址</td><td>××银行××分部</td></tr>
<tr><td>承兑保证信息</td><td colspan="5">保证人名称：　保证人地址：　保证日期：</td></tr>
<tr><td>汇票到期日</td><td colspan="2">贰零×肆年壹月叁拾壹日</td><td>备注</td><td colspan="2"></td></tr>
<tr><td rowspan="2">评级信息（仅供参考）</td><td>出票人</td><td colspan="4">评级主体：　评级等级：　评级到期日：</td></tr>
<tr><td>承兑行</td><td colspan="4">评级主体：　评级等级：　评级到期日：</td></tr>
</table>

（2）贴现申请，背书时需确认被背书人的开户银行有没有开通电子银行承兑汇票业务。如果没有开办这项业务，需要求被背书公司（即收票方）到银行去申请开通，同时设立一个签约账户，然后背书方从网上银行发出背书转让指令，指定被背书人的签约账户和签约银行，对方网上银行即可收到背书转让申请，签收即可。

（3）电子银行承兑汇票背书流转，在被背书人发起回复之前，背书人和被背书人均可操作票据，背书人可撤销背书申请，被背书人可回复（签收或驳回）背书申请。此时，系统按照时间优先的原则进行处理，如背书人先撤销背书申请，则该背书申请已撤销，被背书人不能再进行背书回复操作；如被背书人先发起背书回复，则该背书申请按照被背书人的意思已签收或驳回，电子银行汇票承兑背书人不能再撤销该背书申请。

（三）本票基本介绍

本票是由出票人签发，承诺自己在见票时无条件支付确定的金额给收款人或持票人的票据。

1. 本票的分类。

（1）本票按出票人分为一般本票和银行本票。

一般本票：出票人为企业或个人，票据可以是即期本票，也可是远期本票。

银行本票：出票人是银行，只能是即期本票。

（2）银行本票分为不定额本票和定额本票。定额本票面额 为 1 000 元、5 000 元、10 000 元和 50 000 元。

2. 单位和个人在同一票据交换区域需要支付各种款项，均可以使用银行本票。银行本票可以用于转账，注明“现金”字样的银行本票可以用于支取现金。其中申请人或收款人为单位，则不可申请签发现金银行本票。

3. 银行本票的提示付款期限自出票日起最长不得超过 2 个月，持票人超过提示付款期限，银行可不予受理。

4. 收款人可以将银行本票背书转让给被背书人。

本票的主要特点是：

（1）自付票据。本票是由出票人本人对持票人付款。

（2）基本当事人少。本票的基本当事人只有出票人和收款人两个。

（3）无须承兑。本票在很多方面可以适用汇票法律制度。但是由于本票是由出票人本人承担付款责任，无须委托他人付款，所以，本票无须承兑就能保证付款。

5. 真假票识别方法：

（1）真本票采用的是专用纸张印刷，纸质较好，有一定的防伪措施，而假本票只能采用市面上的普通纸张印刷，纸质差，一般比真本票所用纸张薄且软。

（2）印刷真本票的油墨配方是保密的，诈骗分子很难得到，因此，只能以相似颜色的油墨印制，所以假本票票面颜色较真本票有一定差异。

（3）真本票号码、字体规范整齐，而有的假本票号码、字体排列不齐，间隔不匀。

（4）由于是非法印刷，假本票上的签字也必然会假冒签字，故与银行掌握的预留签字不符。

（四）支票基本介绍

1. 支票常规分类

支票是出票人签发，委托办理支票存款业务的银行或者其他金融机构在见票时无条件支付确定的金额给收款人或持票人的票据。支票基本分类为：普通支票、现金支票、转账支票。

（1）支票上未印有“现金”或“转账”字样的为普通支票，普通支票可以用于支取现金，也可以用于转账。在普通支票左上角划两条平行线的，为划线支票，划线支票只能用于转账，不能支取现金。

（2）支票上印有“现金”字样的为现金支票，现金支票只能用于支取现金，可以由存款人签发用于为本单位提取现金，也可以签发给其他单位或个人用来办理结算，委托银行代为支付现金给收款人。

（3）支票上印有“转账”字样的为转账支票，转账支票只能用于转账，一般适用于存款人给同一城市范围内的收款单位划转款项（部分地区支票也可以用于异地结算），以办理商品交易、劳务供应、清偿债务和其他往来款项结算。

2. 支票主要特点

（1）使用方便，手续简便、灵活。

（2）支票的提示付款期自出票日起 10 天。

（3）支票可以背书转让，但用于支取现金的支票不得背书转让。

3. 支票业务流程介绍

（1）出票：依据业务要求与需要，签发转账支票，并加盖预留银行印鉴。

（2）交付票据：出票后将票据交给客户（收款人），也可直接到开户银行填写进账单，办理付款手续，进账单收款人为客户公司名称、账号。

（3）票据流通使用：收款人或持票人根据交易需要，将转账支票背书转让。

（4）委托收款或提示付款：收款人或持票人持转账支票委托自己的开户银行收款或到出票人开户行提示付款。收款人提示付款时，应做成委托收款背书，在转账支票背面“背书人签章”处签章，注明委托收款字样。

（5）挂失止付：转账支票丧失，失票人需要挂失止付，应填写挂失止付通知书并签章，挂失止付通知书由银行提供，挂失按标准交费。

（五）汇票、本票、支票的相同点

1. 本票、支票、汇票具有同一性质

（1）都是设权有价证券。即持票人凭票据上所记载的权利内容，来证明其票据权利以取得财产。

（2）都是格式证券。票据的格式（其形式和记载事项）都是由法律（即《票据法》）严格规定，不遵守格式对票据的效力有一定的影响。

（3）都是文字证券。票据权利的内容以及票据有关的一切事项都以票据上记载的文字为准，不受票据上文字以外事项的影响。

（4）都是可以流通转让的证券。一般债务契约的债权，如果要进行转让时，必须征得债务人的同意，而作为流通证券的票据，可以经过背书或不作背书仅交付票据的简易程序而自由转让与流通。

（5）都是无因证券。即票据上权利的存在只依票据本身上的文字确定，权利人享有票据权利只以持有票据为必要，至于权利人取得票据的原因、票据权利发生的原因均可不问。这些原因存在与否，有效与否、与票据权利原则上互不影响。由于我国目前的票据还不是完全票据法意义上的票据，只是银行结算的方式，这种无因性不是绝对的。

2. 本票、支票、汇票具有相同的票据功能

（1）汇兑功能。凭借票据的这一功能，解决两地之间现金支付在空间上的障碍。

（2）信用功能。票据的使用可以解决现金支付在时间上的障碍。票据本身不是商品，它是建立在信用基础上的书面支付凭证。

（3）支付功能。票据的使用可以解决现金支付在手续上的麻烦。票据通过背书可多次转让，在市场上成为一种流通、支付工具，减少现金的使用。而且由于票据交换制度的发展，票据可以通过票据交换中心集中清算，简化结算手续，加速资金周转，提高资金使用效益。

（六）汇票、本票、支票的不同点

（1）本票是约定（约定本人付款）证券；汇票是委托（委托他人付款）证券；支票是委托支付证券，但受托人只限于银行或其他法定金融机构。

（2）我国的票据在使用区域上有区别。本票只用于同城范围的商品交易和劳务供应以及其他款项的结算；支票可用于同城或票据交换地区；汇票在同城和异地都可以使用。

（3）付款期限不同。本票、银行汇票付款期为 1 个月，银行承兑汇票一般期限为 6 个月，逾期兑付银行不予受理；由于支票是代替现金的即期支付工具，所以有效期较短，支票付款期为 10 天（从签发的次日算起，到期日遇惯例假日顺延），超过提示付款期限的，付款人可以不予付款。

（4）汇票和支票有三个基本当事人，即出票人、付款人、收款人；而本票只有出票人（付款人和出票人为同一个人）和收款人两个基本当事人。

（5）支票的出票人与付款人之间必须先有资金关系，才能签发支票；汇票的出票人与付款人之间不必先有资金关系；本票的出票人与付款人为同一个人，不存在所谓的资金关系。

（6）支票和本票的主债务人是出票人；而汇票的主债务人，在承兑前是出票人，在承兑后是承兑人。

（7）远期汇票需要承兑；支票一般为即期，无须承兑；本票也无须承兑。

（8）汇票的出票人担保承兑付款，若另有承兑人，由承兑人担保付款；支票出票人担保支票付款；本票的出票人自负付款责任。

（9）支票、本票持有人只对出票人有追索权；而汇票持有人在票据的效期内，对出票人、背书人、承兑人都有追索权。

（10）汇票有复本；而本票、支票则没有复本。

（11）支票、本票没有拒绝承兑证书；而汇票则有拒绝承兑证书。

（七）各种银行票据的提示付款期要求

票据持有人向银行提交并要求银行付款的行为叫作提示付款，提示付款期就是提示付款的有效期。各种常见票据的提示付款期如下：

（1）支票的提示付款期为自出票日起 10 日，超过提示付款期限提示付款的，持票人开户银行不予受理，付款人不予付款。

（2）汇票分为银行汇票与商业汇票，银行汇票提示付款期为自出票日起的 1 个月。出票人超过付款期限提示付款的，代理付款人（银行）不予受理。

（3）商业汇票又分为银行承兑汇票与商业承兑汇票，提示付款期为自汇票到期日起 10 日。持票人应在提示付款期限内通过开户银行委托收款或直接向付款人提示付款。可以提前 3 日匡算邮程，就是在实际操作中可以提前 3 日到银行进行托收，向出票人或付款人提示付款。持票人超过提示付款期限提示付款的，持票人开户银行不予受理。

（4）银行本票的提示付款期限自出票之日起最长不得超过两个月。持票人超过付款期限提示付款的，代理付款人（银行）不予受理。汇票、本票、支票提示付款的相关要求见表 2-18 和表 2-19。

表 2-18　　汇票、本票、支票的承兑、付款期限

种类 限制	票据种类	提示承兑期限	提示付款期限	票据权利的消灭时效
汇票	见票即付	无须提示承兑	出票日起 1 个月	出票日起 2 年
	定日付款	到期日前提示承兑	到期日起 10 日	到期日起 2 年
	出票后定期付款			
	见票后定期付款	出票日起 1 个月		
本票	见票即付	无须提示承兑	出票日起不得超过 2 个月	出票日起 2 年
支票	见票即付	无须提示承兑	自出票日起 10 日	出票日起 6 个月

表 2-19　汇票、本票、支票的票据记载事项要求

记载事项	内容	汇票	本票	支票
绝对事项	表明××（汇票、本票、支票）的字样	√	√	√
	无条件支付的承诺	√	√	√
	确定的金额	√	√	√
	付款人名称	√	×	√
	收款人名称	√	√	×
	出票日期	√	√	√
	出票人签章	√	√	√
相对事项	付款日期	√	×	×
	付款地	√	√	√
	出票地	√	√	√

（八）银行承兑汇票真伪识别方法

目前流通使用的银行承兑汇票为2010年版本，其版面设计以中国文化元素"梅、兰、竹、菊"为设计主题，采用中国画的线描表现手法。设计方案是代表中国传统文化中的"信"字的"花中四君子"。其主要特征如下：

（1）票据号码上排8位数字所赋信息相对固定，下排8位为流水号，仍然保留原特殊风格字体及印刷工艺。票据的小写金额栏分隔线改为虚线，其中安全线采用埋入式金属线。

（2）纸张具防伪功能为无荧光纸。新型水印，仰光透视，可见满版无缝连接水印图案为方孔钱图案和梅花图案，有自然立体效果。如图2-2所示。

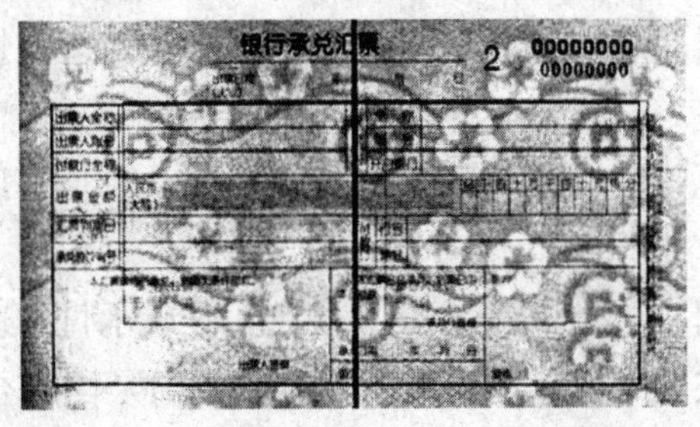

图 2-2　银行承兑汇票水印梅花图

（3）纸张具有无色荧光纤维丝。在自然光下不可见，紫外线下观察有满版的红、蓝色彩的荧光纤维丝，亮度、深浅不一，多数为半圆形，少数为圆形或弧形。

（4）印刷缩微文字防伪。不同票种的不同部位都印有微缩文字，在放大镜下微缩文字清晰可见。假票则模糊不清，字体间的油墨会有浸开的情况。

（5）印刷方面的暗记防伪。票面上的“角、备、复、额、处”等字的特征是“不出头不出角”。如图 2-3 表示。

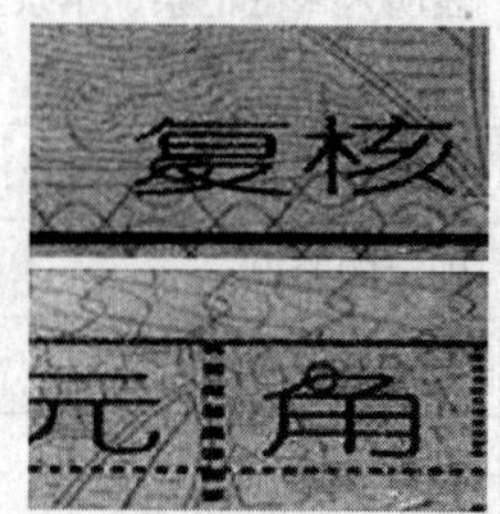

图 2-3

七、托收承付、委托收款及汇兑

（一）托收承付

托收承付结算又称异地托收承付结算，是指根据购销合同由收款人发货后委托银行向异地购货单位收取货款，购货单位根据合同核对单证或验货后，向银行承认付款的一种结算方式。结算分为托收与承付两部分。

1. 托收是指销货单位（即收款单位）委托其开户银行收取款项的行为。办理托收时，必须具有符合合同法规定的经济合同，并在合同上注明使用托收承付结算方式和遵守发货结算的原则。所谓发货结算是指收款方按照合同发货，并取得货物发运证明后，方可向开户银行办理托收手续。

（1）托收承付结算方式只适用于异地订有经济合同的商品交易及相关劳务款项的结算。代销、寄销、赊销商品的款项，不得办理异地托收承付结算。该结算办法的最大特点是其适用范围受到严格的限制。

（2）款项划转方式有邮划和电划两种，电划比邮划速度快，托收方可以根据业务缓急程度自主选择。

（3）托收承付结算每笔的金额起点为 10 000 元；新华书店系统每笔金额起点为 1 000 元。

（4）结算适用范围。《支付结算办法》规定，托收承付的适用范围是：

①使用该结算方式的收款单位和付款单位，必须是国有企业或供销合作社以及经营较好，并经开户银行审查同意的城乡集体所有制工业企业。

②办理结算的款项必须是商品交易以及因商品交易而产生的劳务供应款项。代销、寄销、赊销商品款项，不得办理托收承付结算。

（5）结算适用条件。《支付结算办法》规定，办理托收承付，除符合以上条件外，还必须具备以下三个前提条件：

①收付双方使用托收承付结算必须签有符合《合同法》的购销合同，并在合同中注明使用异地托收承付结算方式。

②收款人办理托收，必须具有商品确已发运的证件（包括铁路、航运、公路等运输部门签发的运单、运单副本和邮局包裹回执等）。

③收付双方办理托收承付结算，必须重合同、守信誉。根据《支付结算办法》规定，若收款人对同一付款人发货托收累计三次收不回货款，收款人开户银行会暂停收款人向付款人办理托收；付款人累计三次提出无理拒付，付款人开户银行会暂停其向外办理托收。

④大中型国有工业企业和商业一、二级批发企业办理异地托收承付，如果需要补充在途占用的结算资金，可以向银行申请结算贷款。

⑤付款单位开户银行对不足支付的托收款项可作逾期付款处理，对拖欠单位按每日一定比率（通常为0.05%）计算逾期付款赔偿金。

(6) 对于下列情况，如果没有发运证件，可凭有关证件办理托收手续：

①内贸、外贸部门系统内的商品调拨、自备运输工具发送或自提的；易燃、易爆、剧毒、腐蚀性的商品，以及电、石油、天然气等必须使用专用工具或线路、管道运输的，可凭付款单位确已收到商品的证明（粮食部门可凭提货单及发货明细表）。

②铁道部门的材料厂向铁道系统供应专用器材，可凭其签发的注明车辆号码和发运日期的证明。

③军队使用军列整车装运物资，可凭证明车辆号码和发运日期的单据；军用仓库对军内发货，可凭总后勤部签发的提货单副本，各大军区、省军区也可比照办理。

④收款单位承造或大修理船舶、锅炉或大型机器等，生产周期长，合同证明按工程进度分次结算的，可凭工程进度完工证明书。

⑤付款单位购进的商品，在收款单位所在地转厂加工、配套的，可凭付款单位和承担加工、配套单位的书面证明。

⑥合同订明商品由收款单位暂时代为保管的，可凭寄存证及付款单位委托保管商品的证明。

⑦使用铁路集装箱或零担凑整车发运商品的，由于铁路只签发一张运单，可凭持有发运证件单位出具的证明。

⑧外贸部门进口商品，可凭国外发来的账单、进口公司开出的结算账单。

2. 承付是指购货单位（即付款单位）在承付期限内，向银行承认付款的行为。承付方式有两种，即验单承付和验货承付。

(1) 验单承付是指付款方接到其开户银行转来的承付通知和相关凭证，并与合同核对相符后，就必须承认付款的结算方式。验单承付的承付期通常为3天，从付款人开户银行发出承付通知的次日算起，遇假日顺延。

（2）验货承付是指付款单位除了验单外，还要等商品全部运达并验收入库后才承付货款的结算方式。验货承付的承付期通常为10天，从承运单位发出提货通知的次日算起，遇假日顺延。

（3）付款方若在验单或验货时发现货物的品种、规格、数量、质量、价格等与合同规定不符，可在承付期内提出全部或部分拒付的意见。拒付款项填写“拒绝承付理由书”送交其开户银行审查并办理拒付手续。应注意，拒付货款的商品为对方所有，必须妥善为其保管。付款人在承付期内未向开户银行提出异议，银行作默认承付处理，在承付期满的次日上午将款项主动从付款方账户划转到收款方账户。

（4）付款方在承付期满后，如果其银行账户内没有足够的资金承付货款，其不足部分作延期付款处理。对延期付款部分要按一定比例支付给收款方赔偿金。待付款方账内有款支付时，由付款方开户银行将欠款及赔偿金一并划转给收款人。

（5）托收承付结算方式的结算程序和账务处理方法，与委托收款结算方式基本相同。

（二）委托收款

委托收款是收款人委托银行向付款人收取款项的结算方式。适用与相关要求如下：

（1）委托收款结算在同城、异地都可以办理，没有金额起点和最高限额，凡是收款单位发生的各种应收款项，不论金额大小，只要委托银行就可办理。

（2）收款人办理委托收款应向委托银行提交委托收款凭证和有关的债务证明，如单位和个人凭承兑商业汇票、债券、存单等。

（3）从使用范围来看，凡是在银行和其他金融机构开立账户的单位和个体经济户的商品交易、劳务款项以及其他应收款项的结算都可以使用委托收款结算方式。单位或个人凭已承兑的商业汇票（含商业承兑汇票和银行承兑汇票）、国内信用证、储蓄委托收款（存单）、债券等付款人债务证明办理款项结算，均可使用委托收款结算。城镇公用企事业单位向用户收取的水费、电费、电话费、邮费、煤气费等等也都可以采用委托收款结算方式。

（4）委托收款有邮寄和电报划回两种方式，收款单位可以根据需要灵活选择。

（5）委托收款付款期为3天，凭证索回期为2天。

（6）银行不负责审查付款单位拒付理由。委托收款结算方式是一种建立在商业信用基础上的结算方式，即由收款人先发货或提供劳务，然后通过银行收款，银行不参与监督，结算中发生争议由双方自行协商解决。因此收款单位在选用此种结算方式时应当慎重，应当了解付款方的资信状况，以免发货或提供劳务后不能及时收回款项。

（7）在同城范围内，收款人收取公用事业费或根据国务院规定，可以使用同城特约委托收款。收取公用事业费，必须具有收付双方事先签订的经济合同，由付款人向开户银行授权，经开户银行同意后，报经中国人民银行当地分支行批准。

（8）银行在办理划款时，付款人存款账户不能足额支付的，会通知被委托银行向收款人发出未付款项通知书。按照有关办法规定，债务证明留存付款人开户银行的应将其债务证明连同未付款通知书邮寄被委托银行转交收款人。同城特约委托收款凭证格式见表 2-20，业务流程见图 2-4。

表 2-20　同城委托收款凭证（回单或收账通知）1

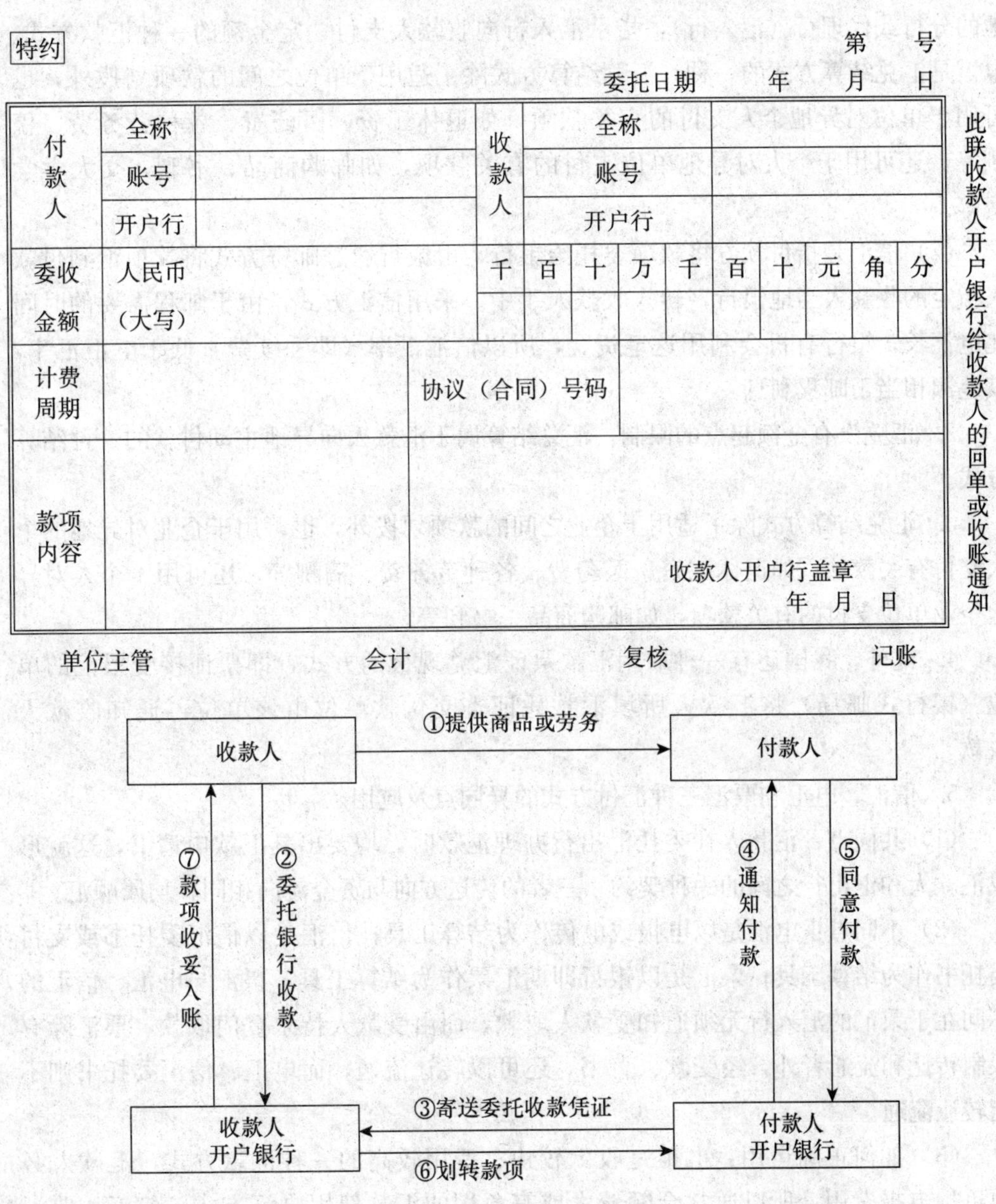

特约　　　　第　　号

委托日期　　年　　月　　日

付款人	全称		收款人	全称	
	账号			账号	
	开户行			开户行	
委收金额	人民币（大写）		千 百 十 万 千 百 十 元 角 分		
计费周期		协议（合同）号码			
款项内容		收款人开户行盖章 年　月　日			

此联收款人开户银行给收款人的回单或收账通知

单位主管　　会计　　复核　　记账

图 2-4　委托收款业务流程图

（三）汇兑

汇兑是汇款单位委托银行将款项汇往异地收款单位的一种结算方式。其相关规定如下：

1. 汇兑根据划转款项方法的不同以及传递方式的不同可以分为电汇和信汇两种，汇款人可自行选择。

（1）电汇是汇款人将一定款项交存汇款银行，汇款银行通过电报或电传给目的地的分行或代理行（汇入行），指示汇入行向收款人支付一定金额的一种汇款方式。电汇是汇兑结算方式的一种，汇兑结算方式除了适用于单位之间的款项划拨外，也可用于单位对异地个人支付的有关款项，如退休工资、医药费、各种劳务费、稿酬等，还可用于个人对异地单位支付的有关款项，如邮购商品、书刊，交大学学费等。

（2）信汇是指付款方将款项委托给银行，由银行通过邮寄方式将款项汇到付款人指定的收款人当地银行，转入收款人手中。采用信汇方式，由于邮程需要的时间比电汇长，银行有机会利用这笔资金，所以信汇汇率（即手续费）低于电汇汇率，其差额相当于邮程利息。

2. 汇兑没有金额起点的限制，汇兑结算属于汇款人向异地主动付款的一种结算方式。

3. 汇兑结算方式除了适用于企业之间的款项划拨外，也可用于企业对异地的个人支付有关款项，如退休工资、医药费、各种劳务费、稿酬等，还可用于个人对异地企业单位支付的有关款项，如邮购商品、书刊等。

4. 此外，我国还有一种取用汇款票证汇兑现金的方式，即票证接受票汇的单位（银行式邮局）将汇款人所填汇款凭证寄交付款单位由该单位再通知收款人收款。

5. 信汇、电汇和票汇三种汇付方式的异同点及应用。

（1）共同点：汇款人在委托汇出行办理汇款时，均要出具汇款申请书，这就形成汇款人和汇出行之间的一种契约。三者的传送方向与资金流向相同，均属顺汇。

（2）不同点：电汇是以电报或电传作为结算工具；信汇是以信汇委托书或支付委托书作为结算工具；票汇是以银行即期汇票作为结算工具。票汇与电汇、信汇的不同在于票汇的汇入行无须通知受款人取款，而由受款人持票登门取款，票汇除有限制转让和流通者外，经受款人背书，还可以转让流通，而电汇、信汇委托书则不能转让流通。

（3）如何正确运用：电汇是收款较快、费用较高的一种汇款方式，汇款人必须负担电报费用，所以通常金额较大或有急用的汇款使用电汇方式。信汇、票汇都不需发电报，以邮递方式传送，所以费用较电汇低廉，但因邮递关系，收款时间较长。

八、银行票据填写规范

日常业务中使用较为频繁的是支票，现以支票填写要求为例对银行票据的填写规范进行介绍。出票日期、票面大小写金额与各种银行票据或单据填写要求基本一致。对于未填写过相关单据的新手来说，填写支票是常出错的项目，以致退票情况频频，应重点学习。

（一）出票日期填写规则

银行票据的出票日期，都是采取大写形式，即大写汉字：零、壹、贰、叁、肆、伍、陆、柒、捌、玖、拾。

填写规则总结如下：

（1）壹月贰月前零字必写；叁月至玖月前零字可写可不写；拾月至拾贰月必须写成壹拾月、壹拾壹月、壹拾贰月（前面多写个“零”字也可以，如零壹拾月）。

（2）壹日至玖日前零字必写；拾日至拾玖日必须写成壹拾日及壹拾×日（前面多写个“零”字也可以，如零壹拾伍日，下同）；

举例：

2013 年 2 月 5 日　　出票日期：贰零壹叁年零贰月零伍日（此处，贰月及伍日前零字必写）；

2013 年 2 月 13 日　　出票日期：贰零零陆年零贰月壹拾叁日（日字位前零字可写也可不写）；

注意：依据《支付结算办法》规定，票据出票日期使用小写填写的，银行不予受理。大写日期未按要求规范填写，银行可予受理，但由此造成损失的，由出票人自行承担。

（二）收款人填写要求

（1）收款人即票据的实际收款方。现金支票收款人可写收款方公司名称，此时现金支票背面“被背书人”栏内加盖本公司的银行预留印鉴（通常为财务专用章和法人章），之后收款人可凭现金支票直接到开户银行提取现金，出纳即为公司的取款代理人（由于有的银行各营业点联网，所以也可到联网营业点取款，具体由联网覆盖范围而定）。

（2）现金支票收款人可写为收款人个人姓名，此时现金支票背面不盖任何印鉴，收款人在现金支票背面填上身份证号码和发证机关名称，凭身份证和现金支票签字至银行办理取款。

（3）转账支票收款人应填写对方公司名称。转账支票背面不需盖章。收款方取得转账支票后，在支票背面被背书栏内加盖自己公司的银行预留印鉴（通常为财务专用章和法人章），填写银行进账单后连同该支票交给收款账户的开户银行委托银行收款。由于一般结算账户不可支取现金，时常需要填制本公司一般结算账户至基本存款账户的转账支票，则此处收款人还是本公司，支票背面被背书栏内加盖公司基本存款账户（即收款账户）的银行预留印鉴。

（三）付款行名称、出票人账号

付款行名称、出票人账号即为本公司的开户银行名称及银行账号，银行账号通常用数字印章印制，购买支票时可在银行柜台取数字印章盖好。

（四）人民币金额大小写

(1) 人民币（大写）即数字大写，写法为：零、壹、贰、叁、肆、伍、陆、柒、捌、玖、亿、万、仟、佰、拾。注意："万"字不带单人旁。

(2) 人民币小写：最高金额位前空白格用人民币"￥"符号隔断，数字填写要求完整清楚，不可连笔。

举例：

￥689 576.52　大写：陆拾捌万玖仟伍佰柒拾陆元伍角贰分；

￥1 420.31　大写：壹仟肆佰贰拾元零叁角壹分（也可写作"壹仟肆佰贰拾元叁角壹分"）；

￥520.00　大写：伍佰贰拾元正（此处"正"字可写为"整"，不能写为"零角零分"）；

￥925.05　大写：玖佰贰拾伍元零伍分；

￥325.20　大写：叁佰贰拾伍元贰角（角字后面可加"正"字，如叁佰贰拾伍元贰角正，但不能写"零分"，比较特殊）。

(3) 填写时注意大小写要一致，填写完毕需核对。不可以用一、二（两）、三、四、五、六、七、八、九、十、念、毛、另（或0）填写，不可自造简化字。如果金额数字书写中使用繁体字，如贰、陸、億、萬、圓的，按规定银行也应受理。

（五）用途的填写

(1) 对现金支票的用途填写有一定限制，一般填写"备用金"、"差旅费"、"工资"、"劳务费"等。

(2) 对转账支票没有具体规定，可填写"货款"、"代理费"等。

（六）盖章的要求

支票正面盖银行预留印鉴，缺一不可，印泥为红色，印章必须清晰，印章模糊需重盖或将本张支票作废，换一张重新填写盖章。支票背面背书人盖章应正确、齐全、清晰。

（七）背书相关事项

背书是指在票据背面粘单上记载有关事项并签章的票据行为。按背书的目的可分为转让背书和非转让背书，非转让背书还分为委托收款背书和设定质押背书。

1. 支票背书的通常情况。

（1）企业收到对方开具的支票，拿到对方的开户行办理支付则不需要背书，直接填进账单交由银行办理即可。

（2）企业取得支票后拿到自己单位的开户行进行托收，则要在支票背面盖自己单位的银行预留印鉴，填写“委托＊＊＊行收款”的字样，再填进账单交银行办理即可。此处的背书即为委托收款背书。

2. 所有可背书票据，背书应当连续，背书连续性的展示如图 2-5 所示。

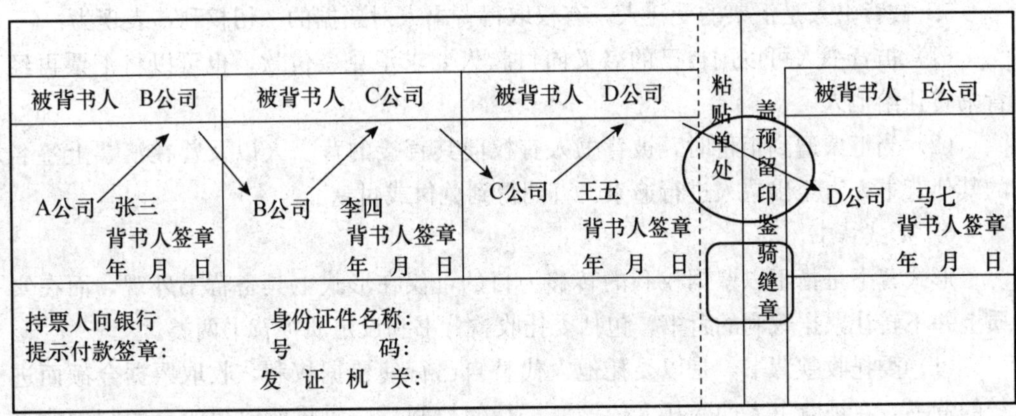

图 2-5　转让背书图示

备注：是图中“○”代表 D 公司财务专用章，“□”代表 D 公司法人私章。

（1）在被背书人处注明后手的公司名称；

（2）背书人需要在“背书人签章”处盖公司的银行预留印鉴，一般为财务专用章与法人私章；

（3）有时会出现多次背书的情况，“背书”栏不够填写可到银行领取或自制“背书单”，裁至与票据大小一致，在票据“粘贴单处”粘贴并用银行预留印鉴盖骑缝章，然后即可在“背书单”上进行背书转让操作。

3. 其他银行票据背书的限制。

（1）出票人在汇票上记载“不得转让”字样的，其后手再背书转让，原背书人对后手的被背书人不承担保证责任。

（2）汇票必须完整转让，将汇票金额的一部分转让的背书，或将汇票金额分别转让给二人以上的背书无效。

（3）背书不得附有条件，《票据法》规定，背书附有条件的，所附条件不具有汇票上的效力。

(4) 背书记载“委托收款”字样的，被背书人有权代背书人行使被委托的汇票权利。

(5) 汇票被拒绝承兑、被拒绝付款或超过付款提示期限的，不得背书转让；背书转让的，背书人应当承担汇票责任。

4. 通过背书方式转让汇票的主要目的是在转让人和受让人之间建立起权利义务关系。作为转让人的背书人一旦在汇票上签名，就要承担以下两项义务：

(1) 对包括被背书人在内的所有后来取得该汇票的人保证该汇票必将得到承兑或付款。

(2) 保证在他以前曾在该汇票上签名的一切前手的签字的真实性和背书的连续性。背书连续，是指在票据转让中，转让汇票的背书人与受让汇票的被背书人在汇票上的签章依次前后衔接。

5. 被背书人是汇票的受让人，有权取得背书人对票据的一切权利，表现为：

(1) 被背书人可以用自己的名义向付款人要求承兑、付款，也可以将汇票再经背书转让给他人。

(2) 当汇票遭到拒付时，被背书人有权向其直接的背书人以及曾在汇票上签名的其他背书人直至出票人进行追索，直到得到兑付或付款。

6. 形式背书。

形式背书是指不以票据权利的转移为目的，仅在形式上具备背书外观，而在实质上并不转让票据权利的背书，包括委托收款背书和设定质押背书两类。

(1) 委托收款背书，是以委托他人代替自己行使票据权利、收取票据金额而进行的背书。在被背书人即受托人依该票据行使权利后，应将所取得的金额归于背书人即委托人，而不是归于自己。在进行委托收款背书时，背书人必须在背书中载明“委托收款”字样。

(2) 设定质押背书（简称设质背书），是以设定质权、提供债务担保为目的而进行的背书，它是由背书人通过背书的方式，将票据转移给质权人，并以其取得票据金额的支付，作为被背书人所拥有债权清偿的担保。设质背书的质权人实现质权时，不必通过质押人的转让背书确认，即可取得票据权利。质权人对票据债务人来说，其取得票据权利的数额，不必与被担保的债权相当。

（八）支票填写常识

(1) 支票签发的日期、大小写金额和收款人名称不得更改，其他内容有误，可以划线更正，并加盖预留银行印鉴之一证明。

(2) 收票方如果发现支票填写不全，可以补记，但不能涂改。

(3) 支票的有效期为10天，日期首尾算一天，节假日顺延。

(4) 支票见票即付，不记名。支票丢失尤其是现金支票丢失可能造成票面金额数目的损失，银行不承担责任。现金支票一般要素填写齐全的，假如支票未被冒领，可在开户银行挂失。转账支票一般要素填写齐全的，在开户银行挂失；一般要素填写不齐的，到票据交换中心挂失。

(5) 出票方现金支票背面的印章盖得模糊的，可把模糊印章打叉，重新再盖一次。

(6) 填写支票时需确认在付款期内银行账户中有足额的资金支付，否则将造成填开空头支票的情况发生。出票人签发空头支票、印章与银行预留印鉴不符的支票、使用支付密码但支付密码错误的支票，银行除将支票做退票处理外，还要按票面金额处以5%但不低于1 000元的罚款。

【相关链接】

《票据管理实施办法》第三十一条规定："签发空头支票或者签发与其预留的签章不符的支票，不以骗取财物为目的的，由中国人民银行处以票面金额5%但不低于1 000元的罚款"。中国人民银行及其分支机构依据上述规定对空头支票的出票人予以处罚。持票人有权要求出票人赔偿支票2%的赔偿金。

(九) 支票丢失处理

1. 依据情况与相关规定分别处理

(1) 已签发的现金支票遗失时，可以向银行申请挂失。

(2) 已签发的转账支票遗失，银行不予挂失，但付款单位可以请求收款单位协助防范。

2. 支票挂失程序

(1) 向开户银行提交挂失止付通知书。

(2) 经开户行查询支票未支付后，向法院申请催告或诉讼。

(3) 向开户银行提供申请催告或诉讼的证明。

(4) 开户银行收到法院的停止支付通告，完成挂失支付的程序。

九、网上银行

企业网上银行（简称"网银"）是银行面向企业用户开发的一种网上银行服务，相对于个人网银而言，企业网银拥有更高的安全级别，更多针对企业结算服务、功能等。对于收付业务量大、企业离银行较远，业务办理不便或企业资金管理结算需要，可至银行申请办理企业网银功能。简单来说，企业网银与个人网银使用方法基本一致，只是在付款时，企业网银增加一个或两个审核U盾，审核人员审核确认后款项方可汇出。企业网银通常由出纳人员与财务负责人或主办会计人员通过U盾的监管功能进行管理。制单与审核分人员操作，保证资金安全与汇款准确性。日常的业务都在公司上网即可办理，无须实时跑银行，并且避免填制大量汇款单据引起的手工差错，业务办理后隔日或一定日期至银行打印或取回银行回单即可（即使自己打印回单也需要提交至银行盖银行业务章，否则不可作为入账凭证）。现在各银行为增加客户量与客户满意度，开发有不同功能与版本的企业网银，选择时需充分了解各银行企业网银的服务与功能情况，结合公司业务结算需求情况合理选择。

（一）企业网银的功能

通常企业网银具有以下功能：

1. 账户管理，是指客户通过网上银行进行账户信息查询、下载、维护等一系列账户服务。

2. 收款业务，是收费企业客户通过网上银行以批量方式主动收取签约个人或者其他已授权企业用户各类应缴费用的一项业务。

3. 付款业务，包括网上汇款、证券登记公司资金清算、电子商务和外汇汇款等业务，是传统商务模式与现代电子商务模式相结合的产物。大体包括如下几项：

（1）网上汇款，如集团企业总（母）公司可通过电子付款指令从其账户中把资金转出，实现与其他单位（在国内任何一家银行开户均可）之间的同城或异地资金结算。新增的批量汇款业务更是加快了出纳汇款操作的效率。

（2）证券登记公司资金清算，证券公司类客户可通过“证券登记公司资金清算”功能向证券登记公司指定的清算账户进行转账并进行相关信息的查询。

（3）电子商务，是专门为电子商务活动中的卖方和买方提供的安全、快捷、方便的在线支付中介服务。

（4）外汇汇款，是向企业客户提供的通过企业网上银行对外币账户进行同城/异地资金划拨和结算的一项业务。

4. 集团理财，集团企业总（母）公司可直接从注册的所有分（子）公司账户主动将资金上收或下拨到集团企业任一注册账户中，而不必事先通知其分（子）公司。定向汇款功能可以使企业在不开通对外转账权限时实现对特定账户之间的转账功能。

5. 信用证业务，是指银行有条件的付款承诺，即开证银行依照开证申请人的要求和指示，承诺在符合信用证条款情况下，凭规定的单据，向第三者（受益人）或其指定人进行付款或承兑；或授权另一银行进行该项付款或承兑；或授权另一银行承付。

6. 投资理财，是为满足企业追求资金效益最大化和进行科学的财务管理需求。投资理财目前包括基金、国债、通知存款及协定存款等业务。可在线实时对资金进行管理，实现收益的最大化。

7. 其他功能服务，是为满足客户特殊财务需求的一系列功能组合，如自动收款、预约服务、余额提醒、企业财务室等功能。

（二）企业网银的办理

办理企业网银需要在银行开办结算账户，对基本户还是一般结算账户没有限制，办理前可先咨询银行柜台人员，并领取相关的申请表、服务协议。办理企业网银还需要提交的材料有：

（1）工商营业执照；

（2）税务登记证；

（3）组织机构代码证；

（4）法人身份证；

（5）授权经办人的身份证；

（6）管理员身份证等。

以上需要提交A4纸复印件，加盖公司公章。汇同填写完整的银行的相关申请表、服务协议交由银行柜台人员办理，需要缴纳开通费用，且每年需要支付一定数额的管理费用，收费标准各银行有所不同需视情况而定。扣缴费用银行都有相关的回单，可作为入账凭证。

（三）个人网银介绍

个人网银是指银行通过互联网，为个人客户提供账户查询、转账汇款、投资理财、在线支付等金融服务的网上银行服务。足不出户就能够安全便捷地管理活期和定期存款、支票、信用卡及个人投资等。个人网上银行客户分为注册客户和非注册客户两大类。注册客户按照注册方式分为柜面注册客户和自助注册客户，按是否申领证书分为证书客户和无证书客户等。

1. 开通个人网银的方式

（1）开通个人网银专业版的方式：由本人持身份证、银行卡，到开卡银行申请开通个人网银，获得电子证书并安装，就可使用。建议备份个人证书，以便更换电脑时使用。

（2）开通个人网银个人版的方式：登陆本人所属银行的网上银行，输入查询码，输入身份证号码，开通网上银行个人版。

2. 个人网银的主要功能

（1）商业银行提供的基本网上银行服务包括：在线查询账户余额、交易记录、下载数据、转账和网上支付等。

①查询：可实时查询余额、当日交易、历史交易与余额、网银入汇款项等。部分银行可下载账户明细数据进行财务分析。

②转账汇款：办理活期和定期、本行和跨行、个人和企业、国内和国外的全功能转账汇款，还可以选择预约、批量转账方式。

③跨行转账：向开立在国内其他商业银行的单位或个人活期账户进行人民币转

账汇款。

④外汇汇款：向境外汇款业务。

⑤网上支付：可以自行设置一个或多个银行卡账户用于网上支付，有的银行可以通过在线支付业务，对电子商务平台生成的订单进行支付操作。可在任何一台电脑使用，可预先设定消费额限制等。

（2）个人网上银行的其他功能服务包括：自助缴费、投资理财、个人贷款管理、信用卡还款、公积金查询、关联账户设定等。

3. 个人网银安全机制

（1）各银行个人网上银行都设定有登录用户名与密码，登录网银时都需要输入密码。

（2）进行转账或支付时需录入动态口令或支付密码，手机短信认证则需要录入手机验证码等。

（3）登录网银或转账支付时输入密码错误达一定次数，网银会自动锁定冻结，需要本人持身份证到银行柜台办理解锁。

4. 个人网银在日常工作中的应用

由于个人网银办理简易、使用便捷并具一定安全性，转账汇款手续费低廉，且没有企业网银使用上的一些限制。有些企业，出纳人员提取的备用现金会转存到个人网银账户，此个人网银账户一般为公司领导指定人员开办，开通个人网银功能后供公司使用。出纳人员使用个人网银对现金进行管理，在日常支付费用时采用网银支付，避免现金使用与管理中的风险。但由于此方式不符国家有关规定，因此并不提倡。

（四）银行业务办理凭证与银行回单获取

（1）在银行办理电子识别卡，可作为回单箱开箱的钥匙，亦可用作自助回单打印系统的识别或验证。未带电子识别卡在操作时需录入银行账号与操作密码方可打印。

（2）公司的账户开通网上银行的，进行收付款操作后，可通过自助回单打印系统自助打印。部分银行还可以通过“电子回单”功能在线自助查询或打印往来户的电子补充回单。

（3）在柜台操作的收汇款业务的相关凭证、回单等，银行会定期打印后，放置在公司向银行申请使用的回单箱内，出纳人员可适时去取回。电子识别卡在感应器处扫描识别后，回单箱会自动打开。

有些地区因条件所限，没有自助回单打印设备，也可直接向银行指定回单索取窗口取得。只需明白所有银行业务的回单都到银行取得，注意回单要盖银行相关业务印章。企业网银电子回单格式见表 2-21，个人网银回单见表 2-22。

表 2-21：企业网上银行电子回单

××银行　　网上银行电子回单

电子回单号码：****-****-****-1100

付款人	户名		收款人	户名	
	账号			账号	
	开户银行			开户银行	
金额	人民币（大写）：贰拾万元整　　¥200 000.00 元				
摘要	货款	业务（产品）种类		跨行发报	
用途					
交易流水号		时间戳		20×3-02-01. 45. 05. 776 ***	
××银行 电子回单 章专用章	备注： 附言：支付交易序号：***　报文种类：CTM100　汇兑支付报文 委托日期：20×3-02-01　业务种类：普通汇兑 收款人地址：***　付款人地址：*** 指令编号：*****　提交人：***　最终授权人：				
	验证码：***				
记账网点	0010 **	记账柜员	00012	记账日期	20×3-02-01

打印日期：2013-02-01

重要提示：
1. 如果您是收款方，请到××网站 WWW. XXX. CN 电子回单验证处进行回单验证。
2. 本回单不作为收款方发货依据，并请勿重复记账。
3. 您可以选择发送邮件，将此电子回单发送给指定的接收人。

表 2-22：个人网银回单

交易成功

网银流水号：0202020***　　　交易时间：20×3 年 02 月 01 日 17:00:20

付款方	户名	张三	收款方	户名	李四
	账号	略		账号	略
	开户银行	××分行		开户银行	××分行
	账户性质	借记卡		账户性质	借记卡
金额	小写	¥3 300.00	手续费	¥0.00	
	合计	¥3 300.00	合计（大写）	叁仟叁佰元整	
用途	2 月报销款				

十、真假币识别技巧与处理

有些小企业或现金业务较少的企业往往没有配备专业点钞设备，再者在外收款也不可能将点钞设备随身携带，因此学习一定的真假币识别技巧必不可少。简单概括识别技巧如下：

（一）真假币识别技巧

简单来说，就是“看、摸、听、测”。

看：仔细观察票面的颜色、图案、花纹、水印等外观情况。真币清晰流畅，立体感强。

摸：用手指触摸钞票来分辨人民币真伪。真币票面上行名、盲文、国徽等图案凹凸感很明显。

听：通过抖动使钞票发出声响，根据声音来判别人民币的真伪。真币的声音清脆响亮。

测：通过工具或仪器进行识别，如紫外光验钞机、磁感应鉴别仪。

具体通过图 2-6 进行说明。

图 2-6　人民币识别图

（1）持真币上下晃动，这个“100”的字样会呈蓝、绿两色渐变，假币则不会变色。

（2）“100”字样的白水印，水印工整清晰，假币也有，但印制低劣，字样模糊。

（3）安全线。真币是完整的一条，内里有“100”的字样，假币中间则明显断续。

（4）这几处图案，用手触摸，凹凸感明显。假币没有凸凹感，部分假币 4-1 处图案会有凸凹感，但是双面刻印的，真币背面不会有对应的凸凹感。

(5) 这里有隐形的“100”字样，需把票面放置与眼睛接近平行，对光源才可看清，假币为直接印制，各角度都可见。

(6) 对着光看，真币两面的图形会合在一起，成为一个非常完整的中国古铜钱“孔方”形状。假币则不能合成圆形。

(7) 毛泽东头像水印，水印工整清晰，对光清晰可见，假币也有，但印制低劣，头像模糊，多数头像呈淡黄色。

(8) 此处号码顺序号不会出现相同号码的钱币，假币则多数都是一组相同的号码，如曾出现的“HD90”号码的都是假币。

(二) 假币的处理方法

(1) 出纳人员在点钞过程中，如发现可疑票币而且不能辨别真伪，应及时送银行或有关部门鉴定处理，鉴定为假币银行人员将做没收处理。如在收款点钞过程中确定是假币的给予拒收处理并在假币上标注“假币”字样，并要求交款人补交相应金额款项。

(2) 出纳人员在存款过程中，银行人员如发现假币，除会在每张伪造、变造币的正反两面加盖“假币”戳外，还会向缴款人签发人民银行统一印制的“伪造、变造货币没收证”，加盖没收单位公章及经办人员名章。

(3) 出纳人员误收伪造币、变造币被银行予以没收，其经济损失由当事人等额赔偿，无法查明当事人的由出纳人员赔偿。如当事人出现多次误收，除等额赔偿外，应给予批评教育，情节较重者给予公司行政处分。

十一、费用报销说明

(一) 报销单类别

费用报销单涉及的单据有：费用报销单、差旅费报销单、凭证粘贴单等。

(1) 费用报销单：除差旅费报销外，各类费用的报销皆填写此单进行报销。注意区分报销费用类型，不可与差旅费报销单混用。常规费用报销只需粘贴好费用发票与填制好的费用报销单即可进入报销流程，特殊费用或金额较大的费用产生前往往需要事前申请，领导审批后再发生费用，费用报销时相关的申请应附在报销单之后，作为费用审核的依据。

(2) 差旅费报销单：专门用于出差费用的报销，一般而言差旅费用报销应后附一份出差申请单，作为费用审核的依据。主要报销费用为出差期间发生的交通费、住宿费、出差补助等费用或部分因出差产生的其他费用。

(3) 凭证粘贴单：用于各类费用报销票据粘贴之用，即各类费用发票顺序整齐粘贴于此单之上，上附对应的报销单。

凭证粘贴单见表 2-23。

表 2-23

凭证粘贴单

<table>
<tr><td>
粘贴须知（背面粘贴原始票据）
1. 原始票据由右至左呈“鱼鳞状”错叠粘贴。不要超过规定的粘贴纸。
2. 原始凭证按规定分类标准（同类业务、同类发票）粘贴。
3. 发票 5 张以下可以不填“费用报销单”，但需负责人在原始发票背面签字。
4. 财务人员对“费用报销单”进行审核中，票据金额与报销人所填写的金额有差异，以审核后的票据金额为准。如果审核后的票据金额大于“费用报销单”所填写的费用金额，须负责人重新签字确认。
</td></tr>
</table>

（4）除费用报销单据外出纳日常支付业务中还会涉及的单据有借款单、用款申请单、扣款单、出差申请单等。

相关单据在后面的实例中会有表单体现。出差申请单见表 2-24。

表 2-24

出差申请单

<table>
<tr><td rowspan="5">出差人</td><td colspan="2" rowspan="5">张三</td><td rowspan="5">计（1）人</td><td rowspan="2">出差完成时间</td><td>计划 2 天</td></tr>
<tr><td>实际 2 天</td></tr>
<tr><td>出发时间</td><td>20×3 年 2 月 1 日 8 点</td></tr>
<tr><td rowspan="2">返回时间</td><td>20×3 年 2 月 2 日 17 点</td></tr>
<tr><td>证明人：李四</td></tr>
<tr><td colspan="2">出差任务</td><td>洽谈业务</td><td rowspan="2">出差线路</td><td colspan="2" rowspan="2">A 市—B 市</td></tr>
<tr><td colspan="2">出差地点</td><td>B 市</td></tr>
<tr><td colspan="2">费用控制线</td><td>600 元</td><td>领导审批</td><td colspan="2">王五</td></tr>
<tr><td>说明</td><td colspan="5"></td></tr>
</table>

注：返回时间应由部门主管签字认可。

（二）费用报销流程与相关事项

（1）所有业务的支付，都需要有相应的支付单据，通常流程是：

用款/领款人制单→本部门领导确认→财务审核→权限领导审批→出纳付款→会计进行账务处理。

（2）银行统一扣费及委托银行划缴的款项，如税费，银行业务办理过程中产生的手续费、工本费等项目费用报销是由出纳人员负责填制费用报销单，其他的款项支付都由该业务的经办或领用款人员填制单据。

（3）公司日常费用报销是指公司正常经营活动中经常发生的费用，主要有差旅费、通讯费、办公费、招待费、水电费等。根据部门与费用性质记入“管理费用”、“销售费用”等科目，部分公司设置考核，则会增加部门明细科目，如“管理费用——销售部——招待费”，“管理费用——行政部——招待费”，而公共的费用则会按比例分摊入各部门，如为会计核算较细致的公司，出纳往往不需要填制记账凭证，只需负责收付款、对账等，做好现金、银行日记账的登记，做到账实相符即可。

（4）对于公司规模较大，费用报销单据较多的公司，费用报销有规定周期，并且是按部门汇总递交报销单据，故在单据传递过程中会做报销清单进行签收。直观体现报销人、报销单份数、报销费用等情况。报销单与签收单进行核对，核对无误可依据此单进行付款。

费用报销汇总签收单见表 2-25。

表 2-25 费用报销汇总签收单

序号	报销人或经办人	职务	报销票据份数	费用项目					总计
				办公费用	差旅费	水电费	通讯费	其他费用	
1	张三	业务	1		600			100	700
2	李四	主管	1		1 000		200		1 200
	总计		2		1 600		200	100	1 900

接收人：××　　　　递交人：××

第三章　现金业务实例

一、现金收款业务实例

开展业务经济利益的流入首先体现为收款，包括现金收款与银行账户的项目。现就现金收款项目进行举例。

（一）业务：收到销售款

【业务内容】

2 月 1 日，收到门店收据交来销售现金货款 11 700 元，其中短款 100 元。

【操作流程】

（1）依据销售清单确认销售数据，与交款人当面清点，清点中需确认数额及真假币；如出现假币，则予以没收处理，并让责任人承担损失，补足货款。

（2）填写收款收据，使用三联收据，第一联（存根联）、第二联（客户联）与第三联（记账联），其中第二、三联需盖财务专用章，使用复写纸填写保证各联次内容一致，并注意依据收据号顺次填开，收款项目为××日收×××销售款；大小写金额需一致，另在出纳栏签字或盖私章，交款人在经手人处签字确认交款。填写完毕，将第二、三联撕下。用直尺压住收款收据底端，可保证撕取的收据平整。将第二联递交交款人，第三联作为会计凭证进行记账处理。

（3）如填写有误则需要作废此份收据，在收据各联次盖上“作废”章，三联次需要完整保存。在收据填写过程中不慎跳号填开，即中间有一份漏开，且已隔日，业务日期不能顺延则需要将漏开那份收据作废。收款收据见表 3-1。

表 3-1

收款收据

N0：00000001

20×3 年 2 月 1 日

今收到 收银员赵可

交来 门店销售款

收款单位（盖章）

上市景雨有限公司财务专用章

人民币：壹万壹仟陆佰零拾零元零角零分

百	十	万	千	百	十	元	角	分
	¥	1	1	6	0	0	0	0

内部使用 不作发票

第二联（客户）

会计：丹丹　记账：丹丹　出纳：朱朱　经手人：赵可

注：金额大写未填写位数用“×”补齐，金额小写数字前要加人民币符号“¥”，避免人员在收据金额上进行修改；收款收据金额栏不论大小写，填写有误需“作废”处理，各联次同写上“作废”字样，三联次完整保存。

（4）如存在现金短款、假币等情况，责任人一时未能补足款项，可填写扣款单，从其工资或奖金中扣回。扣款单格式见表 3-2。

（5）各类现金收款，包括固定资产处置收款，收到违约金、处罚款，零星业务收款等，都与上述操作相同。

【原始凭证】

表 3-2 扣款单

扣款人员	赵可	部门	收银部	扣款日期	20×3 年 2 月 1 日
扣款原因/扣款依据	销售款出现假币款				
金额大写	人民币：×万×仟壹佰零拾零元零角零分				金额：￥100.00
扣款方式	从下月工资中扣回				
领导审批	石磊	出纳	朱朱	本人确认	赵可

【业务分录】

借：库存现金　　11 600

　　其他应收款——赵可　　100

　贷：主营业务收入　　10 000

　　　应交税费——应交增值税（销项税额）　　1 700

【相关链接】

《现金管理暂行条例》第十一条规定：开户单位支付现金，可以从本单位库存现金限额中支付或者从开户银行提取，不得从本单位的现金收入中直接支付（即坐支）。因特殊情况需要坐支现金的，应当事先报经开户银行审查批准，由开户银行核定坐支范围和限额。坐支单位应当定期向开户银行报送坐支金额和使用情况。

坐支现金，就是把销售收款不存入银行，而是直接用来支付费用、成本等。即直接以收入的现金用于现金的支付，这是违反相关规定的。

按现行的有关现金管理的规定，当日收入的现金需存入开户银行，当日支出的现金也需从银行提取，而且开户行会给企业一个现金的最高限额，超过额度的现金也需存入开户银行。

日常工作中常出现“坐支”情况。一是业务人员未及时将现金销售款或外出收回的欠款交回出纳，或提交核销单据抵顶销售款，出纳对于此种情况应该劝说阻止，不合作者反映给领导协调处理。

二是出纳人员为图方便省事，不及时缴存销售款。作为财务人员应该自觉遵守相关规定，做到“收支两条线”，以更规范地进行资金管理。

（二）业务：提取备用金

【业务内容】

2月1日，朱朱从银行提取一周备用现金8 000元。

【操作流程】

（1）依据公司资金安排的库存现金余额情况，拟定需提取备用金数据，报部门经理/主管人员审批。

（2）依据报批的备用金用款金额填制现金支票。

（3）确认现金支票填写无误，持票至银行预留印鉴管理人处盖章，印章需清晰、完整；盖章时需要在平整桌面上操作，建议将支票放置在厚实书本上再盖章。支票背面也需盖银行预留印鉴，部分银行会要求取款人员在支票背面填写提款人姓名与身份证号。

（4）收妥现金支票，携带身份证至银行办理。现金支票正反面图样见表3-3和表3-4。

【原始凭证】

表3-3　　现金支票正面

中国××银行
现金支票存根
32303716
1473279
附加信息
现金收讫
出票日期 20×3年2月1日
收款人：L市景雨有限公司
金额：8 000
用 途：备用金
单位主管
会计

付款期限自出票之日起十天

中国××银行现金支票　　32303716　　1473279

出票日期（大写）贰零×叁年零贰月零壹日　　付款银行名称：××银行××支行
收款人：L市景雨有限公司　　出票人账号：37000000××1111

人民币（大写） 捌仟元整	亿	千	百	十	万	千	百	十	元	角	分
					¥	8	0	0	0	0	0

用途　备用金

L市景雨有限公司财务专用章　1234567890

印 景雨

上列款项请从我账户内支付
出票人签章　　复核　　记账

表 3-4　　　　现金支票背面

附加信息	上市景雨有限公司财务专用章　景雨印 20×3 年 2 月 1 日	（粘贴单处）
	身份证件名称　　　发证机关	
	号码	

温馨提醒

（1）现金由基本账户中提取，一般结算账户不能提取现金。

（2）填写支票时需确认银行账户的余额情况，保证银行有足够的款项支付，避免填开空头支票的情况发生。

（3）公司提取备用金有库存现金限额限制，在提取备用金时需注意在限额内提取。提现金额较大需向银行预约，5 万元以上要经银行主管的审批，50 万元以上要支行以上审批。各行规定不同，遵照各行规定执行。

（4）银行预留印鉴通常包括：财务专用章、法人章，也有公司采用公章与法人章，少部分公司会增加财务负责人员的印章。银行预留印鉴应由不同人员管理，但不应由出纳人员管理。

（5）为保证资金安全，提取较大金额现金时需让公司安排陪同人员、车辆随行，路途较远的还应有专车接送。

【业务分录】

借：库存现金　　　　8 000

　　贷：银行存款——基本户　　　　8 000

（三）业务：收到其他现金款项

【业务内容】

2 月 5 日，收到 B 公司未按合同规定日期交货而支付的违约金 2 000 元。

【操作流程】

（1）确认收款项目与业务性质。

(2) 当面清点金额，注意货币真伪，确认无误，填开收款收据。注意金额的大小写。收款人签章。

(3) 填开无误收据加盖“现金收讫”章与公司财务专用章，第二联（客户联）交付款人。第三联（记账联）进行账务处理。收款收据见表 3-5。

【原始凭证】

表 3-5

收款收据

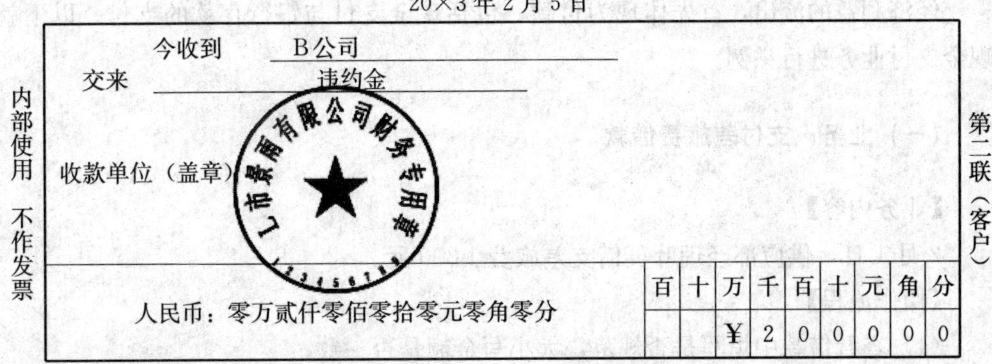

N0：00000002

20×3 年 2 月 5 日

今收到 B公司

交来 违约金

收款单位（盖章）上市景丽有限公司财务专用章

内部使用 不作发票

第二联（客户）

人民币：零万贰仟零佰零拾零元零角零分

百	十	万	千	百	十	元	角	分
		¥	2	0	0	0	0	0

会计：丹丹　记账：丹丹　出纳：朱朱　经手人：赵可

【业务分录】

借：库存现金　2 000

　贷：营业外收入　2 000

温馨提醒

(1) 签订购销合同的双方，收到对方未按合同约定履行或未按期交货等的违约金或罚款，皆作营业外收入处理。

(2) 因销售方产品质量问题造成违约，属销售折让情况的，购货方收到的违约金应作进项税额转出处理。购货方需提供主管税务机关出具的销售折让或退货证明，销售方凭此开具红字发票。

(3) 因购货方违约而付给销售方的违约金，则属于价外费用，需同价款一起计征流转税。收到违约金时需出具发票。在实际业务中，出纳人员在编制记账凭证时需注意查看相关附件单据，并同会计人员确认后再行编制。

(四) 业务总结

现金增加项目主要是销售收入、提取备用金、其他收款项目等。其他收款项目包含内容较多，如处置公司财产取得的收入、收到借款、收回代垫款等。收到现金需要先了解收款业务的性质，或取得相关业务说明的附件文件，以便确认收到款项的性质，方便正确进行账务处理。款项当面清点，出具收款收据，准确填写收款项目等。收款项目借记“库存现金”，依据业务内容贷记“营业外收入”、“其他业务收入”、“其他应收款”、“其他应付款”等科目。

二、现金支付款项实例

经济利益的流出，首先体现为付款，包括现金支付与银行存款的支付。以下就现金支付业务进行举例。

（一）业务：支付差旅费借款

【业务内容】

2月1日，供应部经理叶英借支差旅费1 000元。

【操作流程】

（1）查看借款中填写是否规范，大小写金额是否一致。

（2）确认领导审批权限是否到位及借款人是否签字。

（3）查看借款登记表，确认是否有前借款未还，有前借款未还的无特殊情况不能产生新借款。

（4）确认无误后支付现金。在借款单上盖“现金付讫”章，出纳签字处签名或盖章。借款单格式见表3-6。

（5）登记借款表登记。

【原始凭证】

表3-6

借款单

单位名称：L市景雨有限公司　　　　20×3年2月1日

借款事由	出差借款											
借款金额	零佰零拾零万壹仟零佰零拾零元零角零分		百	十	万	千	百	十	元	角	分
					¥	1	0	0	0	0	0
领导批准	景雨	部门主管意见	现金付讫								
会计审核	丹丹	借款人姓名	叶英　　（签章）								

出纳：朱朱

【业务分录】

借：其他应收款——叶英　　1 000

　　贷：库存现金　　1 000

温馨提醒

(1) 所有支付款项都需审批到位，因特殊情况领导未审批又急需支付借款的，需电话请示确认，后及时补签。临时授权审批人签批，需有授权书，应确认授权范围和授权时间。

(2) 依据“借款登记表”定期清理借款。适时提醒各部门借款人员及时归还借款。对于无特殊情况，借款未按期归还的，可据实际情况从借款人工资或报销中扣还。

【相关链接】

按照国务院发布的《现金管理暂行条例》规定，开户单位可以在下列范围内使用现金：

(1) 职工工资、津贴。

(2) 个人劳务报酬。

(3) 根据国家规定颁发给个人的科学技术、文化艺术、体育等各种奖金。

(4) 各种劳保、福利费用以及国家规定的对个人的其他支出。

(5) 向个人收购农副产品和其他物资的价款。

(6) 出差人员必须随身携带的差旅费。

(7) 结算起点以下的零星支出。

(8) 中国人民银行确定需要支付现金的其他支出。

(二) 业务：支付日常费用报销款

【业务内容】

2月5日，行政专员李四报销办公用品费用600元。

【操作流程】

(1) 核对费用报销单大小写金额是否一致。

(2) 核对权限审批人是否审批到位。常规费用或计划、预算内费用按资金管理审批权限规定审批，通常为本部门领导确认，会计审核，财务负责人审批。特殊费用需要最高领导人审批。出纳人员需对各审批人员的签名熟悉。

(3) 确认报销人是否有借款。如有可要求报销人先进行借款的冲抵，依据冲抵金额填制“收款收据”。并在借款登记表中进行登记，全部借款已还则删除登记表中的记录，如冲抵部分借款，则更改借款金额为剩余借款金额。将收款收据第三联会计记账联撕下与报销单粘贴在一起。

（4）无借款需要冲抵，或冲抵后还需支付部分款项的，则支付现金，并盖“现金付讫”章。报销单格式见表 3-7。

【原始凭证】

表 3-7

费用报销单

20×3 年 2 月 5 日　　附单据 1 张

项　目	单据（张）	金额（元）	备注	注：①差旅费报销请填差旅费报销单。②费用报销单需和粘贴单一起使用。
购买办公桌	1	500		
购买卫生用具	1	100		
		现金付讫		
合计	2	600		
金额（大写）人民币陆佰元整				

总经理：景雨　财务经理：石磊　审核：丹丹　部门经理：郑业　报销人：李四

【业务分录】

借：管理费用——办公费　600

　贷：库存现金　600

【其他业务举例】

（1）原借款金额 500 元，报销 600 元，即报销金额大于借款金额情况的会计分录：

借：管理费用——办公费　600

　贷：其他应收款——李四　500

　　库存现金　100

（2）原借款金额 700 元，报销金额 600 元，即报销金额小于或等于借款金额的情况的会计分录：

借：管理费用——办公费　600

　贷：其他应收款——李四　600

借款收回：

借：库存现金　100

　贷：其他应收款——李四　100

（三）业务：支付差旅费报销款

【业务内容】

2 月 5 日，销售经理报销出差费用 1 000 元。

【操作流程】

（1）核对费用报销单大小写金额是否一致。

（2）权限审批人是否审批到位。

（3）确认预借金额与“借款登记表”一致，依据报销单所列，扣除费用核销金额外，报销人还需退还原差旅费借款 500 元，故填开“收款收据”给报销人，并在借款登记表中更新登记。后将收款收据第三联会计记账联撕下与报销单粘贴在一起。

（4）如报销单填列为应补金额，即报销金额大于借款金额，则需以现金支付“应补”金额，并在报销单上盖“现金付讫”章。差旅费报销单格式见表 3-8。

【原始凭证】

表 3-8

差旅费报销单

20×3 年 2 月 5 日　　　　单位：元

起讫时间地点						出差补助		车船费		住宿费		会议费		其他		小计	
月	日	起点	月	日	终点	张数	金额	张数	金额	张数	金额	张数	金额	张数	金额	张数	金额
1	8	L市	1	9	M市			2	200	1	600					3	800
1	12	M市	1	13	L市			2	200							2	200
										现金付讫							
小计								4	400	1	600					5	1 000
合计（人民币大写）：壹仟元整 ¥ 1 000.00																	
出差事由：联系业务										预 借　1 500.00 核 销　1 000.00 应退（/）500.00							

总经理：景雨　　财务经理：石磊　　审核：丹丹　　部门经理：　　报销人：陈晓

【业务分录】

借：销售费用——差旅费　　1 000

　　库存现金　　500

　贷：其他应收款——陈晓　　1 500

【其他业务举例】

（1）报销 1 000 元，无预借款直接支付报销款的会计分录：

借：销售费用——差旅费　　1 000

贷：库存现金　　1 000

（2）报销 1 000 元，原预借款 500 元，支付差额报销款 500 元的会计分录：

借：销售费用——差旅费　　1 000

贷：其他应收款——陈晓　　500

库存现金　　500

（四）业务：为职工代垫医药费

【业务内容】

2 月 5 日公司为销售部经理陈晓代垫医药费 2 674.7 元。

【操作流程】

（1）查看用款申请单支付金额大小是否一致，权限审批人是否审批到位。用款申请单见表 3-9。

（2）依据单据选择的支付方式为现金支付代垫的费用，现金当面点清，付款后在申请单上盖“现金付讫”章。

【原始凭证】

表 3-9

<table>
<tr><th colspan="5">用款申请单</th></tr>
<tr><td>单位名称：</td><td colspan="4">L 市景雨有限公司</td></tr>
<tr><td rowspan="2">请款人</td><td>申请人</td><td>陈晓</td><td>申请日期</td><td>20×3 年 2 月 5 日</td></tr>
<tr><td>部门</td><td colspan="3">销售部</td></tr>
<tr><td rowspan="4">收款单位</td><td>公司名称</td><td colspan="3">—</td></tr>
<tr><td>账号</td><td colspan="3">—</td></tr>
<tr><td>开户行</td><td colspan="3">—</td></tr>
<tr><td>开户行地址</td><td colspan="3">—</td></tr>
<tr><td>请款金额（大写）</td><td colspan="3">贰仟陆佰柒拾肆元柒角正</td><td>金额（小写）￥：2 674.7</td></tr>
<tr><td rowspan="4">用途</td><td>货款</td><td colspan="3">—</td></tr>
<tr><td>特殊支出</td><td colspan="3">—</td></tr>
<tr><td>其他费用</td><td colspan="3">代垫医药费</td></tr>
<tr><td>备注</td><td colspan="3">—</td></tr>
<tr><td rowspan="3">付款方式</td><td>现金</td><td colspan="3">√　现金付讫</td></tr>
<tr><td>银行转账</td><td colspan="3">—</td></tr>
<tr><td>其他</td><td colspan="3">—</td></tr>
</table>

主管审核：郑业　　财务审核：丹丹　　总经理审核：景雨

【业务分录】

借：其他应收款——代垫费用——陈晓　　2 674.7

贷：库存现金　　2 674.7

（五）现金付款凭证的复核

现金付款凭证，是出纳人员办理现金支付业务的依据。出纳人员对每一笔现金支付业务都要认真复核。其复核方法及基本要求与现金收款大致相同。出纳人员在复核现金付款凭证时，应注意以下几点：

（1）对于涉及现金和银行存款之间的收付业务，即从银行提取现金或以现金存入银行，为了避免重复，只按照收付业务涉及的贷方科目编制付款凭证。

（2）现金付款凭证如出现红字时，实际经济业务应是现金收入的增加，但在处理时，为了避免混淆，出纳人员在凭证上加盖印章时，仍应加盖现金付讫章，以表示原经济业务付出的款项已全部退回。

（3）发生销货退回，如数量较少，且退款金额在转账起点以下，需用现金退款时，必须取得对方的收款收据，不得以退货发票代替收据编制付款凭证。

（4）从外单位取得的原始凭证如遗失，应取得原签发单位盖有公章的证明，并注明原始凭证的名称、金额、经济内容等（或复印原单的会计联或存根联，盖原签发单据公章或财务专用章，并需注明“与原单一致”），经单位负责人批准，方可代替原始凭证。如确实无法取得证明的，由当事人写出详细情况，由同行人证明，并由主管领导和财务负责人批准，方可代替原始凭证。

（5）“原始凭证分割单”可作为填制付款凭证的依据。但出纳人员需要对原始凭证分割情况进行审查。

（六）业务总结

不可无单付款或事后补单，也不可用白条或其他凭证，据以借出、挪用或暂付现金。所有付款都必须有领导审批到位的付款凭证单据，如用款申请单、借款单、各类报销单等，并依据单据“实付金额”进行付款，在付款时注意“先签字再付款”，所有收款坚持“先收款后盖章”。另在付款时还需注意各收款人是否有扣款项目需要先行抵扣的情况，如有需要先扣款，再将抵扣后的金额进行付款，如前期借款未按规定还款现又有付款项目的可考虑先还款再付款。现金付款项目，依据实际业务，借记“管理费用”、“销售费用”、“制造费用”、“财务费用”、“其他应收款”、“其他应付款”等科目，贷记“库存现金”科目。对科目选择有疑问时可与会计人员沟通后再处理。

第四章　银行存款业务实例

一、银行收款实例

（一）业务：现金销售款缴存

【业务内容】

2 月 6 日，销售款 8 100 元，缴存银行。

【操作流程】

（1）清点需要缴存公户的现金货款，按不同面值整理，清点整齐后用牛皮筋扎好。

（2）填写现金缴款单。平常可提前从银行处取些空白表单，留存备用，在公司将单据填写好，到银行时可直接办理，避免到银行临时填单的麻烦。

（3）现款与缴款单同时递交银行柜台办理，业务办理完毕，银行柜员会将缴款单第二联盖“银行收讫”章后返还。出纳可依据此单进行账务处理。银行现金缴款单见表 4-1。

【原始凭证】

表 4-1

××银行现金缴款单

20×3 年 2 月 6 日　　　　　　序号：

<table>
<tr><td rowspan="7">客户填写部分</td><td>收款人户名</td><td colspan="18">F 市景雨有限公司</td><td rowspan="9">第一联　银行记账凭证</td></tr>
<tr><td>收款人账号</td><td colspan="5">74817×××××××88</td><td colspan="2">收款人开户银行</td><td colspan="11">F 市××银行××支行</td></tr>
<tr><td>缴款人</td><td colspan="5">赵可</td><td colspan="2">款项来源</td><td colspan="11">销售货款</td></tr>
<tr><td rowspan="2">币种</td><td>人民币√</td><td colspan="6" rowspan="2">大写：捌仟壹佰元整</td><td>亿</td><td>千</td><td>佰</td><td>十</td><td>万</td><td>千</td><td>百</td><td>十</td><td>元</td><td>角</td><td>分</td></tr>
<tr><td>外币</td><td></td><td></td><td></td><td></td><td>¥</td><td>8</td><td>1</td><td>0</td><td>0</td><td>0</td><td>0</td></tr>
<tr><td>券别</td><td>100 元</td><td>50 元</td><td>20 元</td><td>10 元</td><td>2 元</td><td>5 元</td><td>1 元</td><td colspan="11">辅币（金额）</td></tr>
<tr><td></td><td></td><td></td><td></td><td></td><td></td><td></td><td></td><td colspan="11"></td></tr>
<tr><td rowspan="2">银行填写部分</td><td colspan="19">日期：　　日志号：　　交易码：　　币种：
金额：　　终端号：　　主　管：　　柜员：</td></tr>
<tr><td colspan="19"></td></tr>
</table>

经理：　　　　　　　　　　　　　　　　　　复核：

注：各银行的缴款单格式略有不同，但填写内容大同小异，主要有：收款人户名、收款人账号、收款人开户银行、缴款人、款项来源、金额大小写等。一份缴款单一般有三联次，第一联为银行记账凭证；第二联为收款人入账通知；第三联为缴款人受理回执。

【业务分录】

借：银行存款——基本户　　8 100

贷：库存现金　　8 100

【其他业务举例】

销售现款直接存银行的会计分录：

借：银行存款——××户

贷：主营业务收入

应交税费——应交增值税（销项税额）

（二）业务：收到客户预付款

【业务内容】

2 月 6 日，接到销售部通知佳佳有限公司电汇预付货款 30 000 元，2 月 10 日收到款项。

【操作流程】

（1）确认款项，至银行查询款项是否到账（有开通企业网上银行的可直接上网查询）。

（2）取回"客户收账通知"或"中国人民银行支付系统专用凭证"等银行回单，通常为第二联客户联，银行盖有"业务办讫"章或"转讫"章。如表 4-2 所示。

（3）依据回单填制记账凭证。

【原始凭证】

表 4-2　支付系统专用凭证

中国人民银行支付系统专用凭证　　No. Q000000000000

中国××银行小额支付系统专用凭证（贷报）

批量包委托日期：20×3-02-08　　批量包类型：PKG001　　批量包序号：0

交易种类：小额　　业务类型：汇兑　　支付交易序号：0000000

发起行行号：000000000000　　付款人开户行行号：000000000000　　委托日期：20×3-02-08

发起行名称：中国银行 M 市分行营业部

付款人账号：000000000000000000

付款人名称：M 市佳佳有限公司

付款人地址：M 市

接收行行号:11111111×××××　收款人开户行行号:×××××××××××　收报日期：20×3-02-10

收款人账号：37000000××1111

收款人名称：L 市景雨有限公司

收款人地址：L 市

货币名称、金额（大写）：人民币 叁万元整

货币符号、金额（小写）：￥ 30 000.00

附言：无

报文状态：已自动入账

流水号：00000001

打印次数：1　　记账柜员号：23　　打印柜员号：01332　　打印时间：20×3-02-10 15：04：18

第二联　作客户通知单　　会计　　复核　　记账

【业务分录】

借：银行存款——基本户　30 000

　贷：预收账款——佳佳有限公司　30 000

温馨提醒

对方采用电汇、信汇方式进行汇款，收款方不需要填写进账单。接到通知后至银行查询即可。如对方需要我方收款收据，可依据实际业务填开。

（三）业务：结算户转款至基本户

【业务内容】

2月10日，开具转账支票从结算户转款80 000元至基本户用于日常款项支付。

【操作流程】

（1）依据业务要求与需要，签发转账支票，填开前需要确认结算账户中的余额情况，要在余额内填开，以免发生填开“空头支票”的情况。

（2）在“出票人签章”处盖付款账户的银行预留印鉴，在“被背书人”处加盖收款账户银行预留印鉴，通常公司各账户的银行预留印鉴都是相同的，如不同应对应盖章。如到收款账户银行办理转款，转账支票“被背书人”处需注明“委托收款”字样，到出票银行办理则不需要。

（3）填写进账单一式三联，用复写纸一次性填写，付款人与收款人名称为公司名称，付款与收款账户不同注意别颠倒，确认无误后连同支票交出票银行处理即可。进账单第一联是银行受理业务后交给持票人的业务凭证，第二联为银行做账务处理使用，第三联是收款人的收账通知（不同的银行格式、联次不一）。正常情况下应使用第三联入账，但是因为有的银行第三联退回不及时（第一联是业务受理后当场退回，第三联需等银行入账完毕才退还），所以，可直接拿银行退回的第一联与盖“银行转讫”的支票存根联进行账务处理。转账支票与进账单格式见表4-3和表4-4。

【业务分录】

借：银行存款——基本户　80 000

　贷：银行存款——结算户　80 000

（四）业务：收到其他公司转账支票

【业务内容】

2月10日，收到销售部递交的顺利公司用于支付货款的100 000元转账支票，送存银行。

【原始凭证】

表 4-3

转账支票与存根联

<table>
<tr><td rowspan="2">中国××银行
转账支票存根
32×××16
14××××79
附加信息

出票日期 20×3 年
2 月 10 日
收款人：
L 市景雨有限公司
金额：80 000
用途：货款
单位主管
会计</td><td rowspan="2">付款期限自出票之日起十天</td><td>中国××银行转账支票　　32×××16　14××××79
出票日期（大写）贰零×叁年零贰月零壹拾日　　付款银行名称：××银行××支行
收款人：L 市景雨有限公司　　出票人账号：37000000××2222</td></tr>
<tr><td>人民币（大写）捌万元整　　亿 千 百 十 万 千 百 十 元 角 分：¥ 8 0 0 0 0 0 0
用途　货款　　密码：
上列款项请从我账户内支付出票人签章　　L 市景雨有限公司财务专用章　　景雨印
复核　　记账</td></tr>
</table>

表 4-4

中国××银行进账单（收账通知）　1

20×3 年 2 月 10 日　　第 1—01 号

<table>
<tr><td rowspan="3">出票人</td><td>全称</td><td>L 市景雨有限公司</td><td rowspan="3">收款人</td><td>全称</td><td colspan="10">L 市景雨有限公司</td><td rowspan="8">此联是收款人开户银行交给持票人的收账通知</td></tr>
<tr><td>账号</td><td>37000000××2222</td><td>账号</td><td colspan="10">37000000××1111</td></tr>
<tr><td>开户银行</td><td>中国××银行××支行</td><td>开户银行</td><td colspan="10">中国××银行××支行</td></tr>
<tr><td colspan="5" rowspan="2">人民币（大写）　捌万元整</td><td>千</td><td>百</td><td>十</td><td>万</td><td>千</td><td>百</td><td>十</td><td>元</td><td>角</td><td>分</td></tr>
<tr><td></td><td></td><td>¥</td><td>8</td><td>0</td><td>0</td><td>0</td><td>0</td><td>0</td><td>0</td></tr>
<tr><td colspan="2">票据种类</td><td>转账支票</td><td colspan="12" rowspan="3">出票人开户行盖章</td></tr>
<tr><td colspan="2">票据张数</td><td>1</td></tr>
<tr><td colspan="3">单位主管　会计　复核　记账</td></tr>
</table>

【操作流程】

1. 收票注意事项

（1）支票是否是金融机构所规定的统一格式的支票。自行印制公司名称的支票，需经银行核准，否则即使在法定上有效，但金融机构仍可能不承认。

（2）票面金额、出票日期和收款人名称等信息填写是否清晰无误，需用正楷填写，不可草书。记载事项是否有涂改现象。

（3）大小写金额是否一致，金额是否有更改。大写金额绝不可更改，小写金额更改现象是否加盖修正章（银行预留印鉴），最好不要更改数字，有的银行可能拒收。

（4）是否有指定受票人。如有受票人，将支票转让时，必须先经过该受票人背书，否则无法兑现。

（5）是否是划线支票。如果不是的话，为预防遗失或失窃，可亲自划上两条平行线。

（6）是否远期支票或收票日已超过或接近出票日期 10 天；接近最后提示付款日的票据需评估是否来得及办理兑现。

（7）票据是否用黑色碳素笔填写或打印。圆珠笔或其他颜色笔填写无效。

（8）出票人签章处需盖有开票方的银行印鉴，且需清晰完整，一般为开票公司的财务专用章及法人或负责人私章。

（9）背书转让的支票其背书是否正确，是否连续。转账支票及其背书情况见表 4-5 和表 4-6。

2. 转账支票兑现办理

（1）支票审核无误后，在转账支票的背面被背书人签章处盖公司收款账户的预留印鉴。

（2）填写进账单一式三联，用复写纸一次性填写，连同支票交由公司收款账户的开户银行处理即可。依据银行受理业务后盖单退回的进账单第一联进行账务处理。进账单格式见表 4-7。

（3）转账支票为同行的一般当天能够到账，跨行至少需两天才能到账，当天办理不论银行是否能把款项划转到账户上，都可凭银行受理盖章的进账单和开具给对方的发票记账联等凭证入账。如支票收付方开户银行为同城，在公司用款紧张时，还可办理实时支付手续，即支付一定数额手续费交银行柜台人员办理实时支付，款项即可当天快速到账。

（4）多数支票，可以直接填写进账单到本公司的收款开户行去委托办理，银行之间通过“支票交换”划转资金。但由于个别地区或银行限制，需区别处理。

（5）在每月下旬办理业务，如银行本月将款项划转至公司账户，银行对账单余额与单位银行日记账的余额相符。如没能在月底划转到账，银行对账单与公司银行日记账就会出现差额，即出现未达账项，需要编制对账余额调节表附在银行对账单后面留存，账务处理则不用调整，次月与银行对账时注意此笔款项是否收回即可。

【原始凭证】

表 4-5　转账支票

中国××银行转账支票　　23＊＊＊＊01 2573＊＊

付款期限自出票之日起十天

出票日期（大写）贰零×叁年零贰月零伍日　　付款银行名称：××银行开发区支行

收款人：L 市景雨有限公司　　出票人账号：××-×××××××

人民币（大写）	亿	千	百	十	万	千	百	十	元	角	分
壹拾万元整			¥	1	0	0	0	0	0	0	0

用途　货款　　密码：

上列款项请从我账户内支付

出票人签章　　复核

注：上图“○”“□”代表出票公司银行预留印鉴。

表 4-6　转账支票背面

附加信息	被背书人	被背书人	
	委托××银行收款 L市景雨有限公司财务专用章 123456789 景雨印 背书人签章 20×3 年 2 月 10 日	背书人签章 年　月　日	粘贴单处

表 4-7　中国××银行进账单（收账通知）　1

20×3 年 2 月 10 日　　　　第 1—01 号

出票人	全称	L 市顺利有限公司	收款人	全称	L 市景雨有限公司
	账号	××-×××××××		账号	37000000××2222
	开户银行	中国××银行开发区支行		开户银行	中国××银行××支行
人民币（大写）	壹拾万元整			千 百 十 万 千 百 十 元 角 分	¥ 1 0 0 0 0 0 0
票据种类	转账支票				
票据张数	1	出票人开户行盖章			
单位主管　会计　复核　记账					

此联是持票人开户银行交给持票人的收账通知

【业务分录】

借：银行存款——结算户　　100 000

　　贷：应收账款——顺利公司　　100 000

【其他业务举例】

转账支票的背书转让：

收到的转账支票可背书转让，有需要支付的款项时，也可将前期收到的转账支票背书支付款项，不必自己再填开转账支票。依据付款单据在付款金额内以转账支票进行付款，一般支票金额与支付金额不会刚好相等，可再采用其他付款方式对剩余款项进行支付。具体操作如下：

（1）在转账支票被背书人处填写收票方公司全称，注意要一字不差。在背书人处盖银行预留印鉴，并填写转让日期。

（2）在支付单据上注明“票付”和票据编号等信息，并在银行票据备查簿中进行注销登记。

（3）差额部分付款，应在付款的凭证上加盖“现金/银行付讫”盖，注明付款金额。并将付款的凭证，如支票存根联与支付单据粘贴在一起，编制付款凭证。

（4）一般企业收到转账支票会立即至银行办理进账手续。

收到支票未到银行办理收款，而直接进行背书支付的会计分录为：

借：管理费用/应付账款等

　　贷：应收账款

支付款项金额大于支票金额，差额部分采用银行存款或现金支付的，则贷记

“银行存款”/“库存现金”科目。

（五）业务：收到银行利息

【业务内容】

2月21日，至银行取回利息回单，银行基本户收到利息496.21元。

【操作流程】

（1）银行每3个月结息一次，一般是按季度结完，第三个月的20日左右结算利息（本例中结息日与实际情况不一致是为编书整体需要），款项转入结息账户，并产生一张利息通知单。利息通知单见表4-8。

（2）日常，出纳人员登录企业网银查询企业各账户的情况，确认收到此利息款，可至银行取回利息回单作为凭证，编制记账凭证。无企业网银的，日常发现银行账户金额与账簿余额不符，可先判别是否为银行结息的时间。如果是便可至银行取回单入账。

【原始凭证】

表4-8　　××银行存款利息通知单

20×3年2月20日

<table>
<tr><td>户名</td><td colspan="2">L市景雨有限公司</td><td>账 号</td><td colspan="8">37000000××1111</td></tr>
<tr><td>利息计息时间</td><td colspan="2">20×2年12月21日起
20×3年02月20日止</td><td>利息积数</td><td>47532263</td><td colspan="2">月利率</td><td colspan="5">0.4‰</td></tr>
<tr><td rowspan="2">利息金额</td><td colspan="3" rowspan="2">人民币（大写）肆佰玖拾陆元贰角壹分</td><td>十</td><td>万</td><td>千</td><td>百</td><td>十</td><td>元</td><td>角</td><td>分</td></tr>
<tr><td></td><td></td><td>¥</td><td>4</td><td>9</td><td>6</td><td>2</td><td>1</td></tr>
</table>

【业务分录】

①电脑记账：

借：财务费用——利息收入　　496.21（红字）

借：银行存款——基本户　　496.21

②手工记账：

借：银行存款——基本户　　496. 21

贷：财务费用——利息收入　　496. 21

（六）业务：银行汇票到期委托收款

【业务内容】

2月24日，至银行办理银行汇票提示付款，出票人L市顺达有限公司，票据金额 8 000 元，出票日期为 1 月 25 日。款项收妥并支付手续费 8 元。

【操作流程】

(1) 日常关注应收票据登记表，注意收到票据的到期日，对到期的银行汇票，应于到期日（法定休假日顺延）前及时办理收款手续，银行汇票期限为 1 个月，在票据到期前 3～4 天到银行办理收款手续都可，但千万不可超过付款期限，否则银行将不予受理。

(2) 填制一式三联的进账单，依据汇票在进账单中填列“出票人”信息，“收款人”填写自己公司的收款账户信息。银行汇票出票金额与实际结算金额不一致的，应以实际结算金额填写。进账单格式见表 4-9。

(3) 在银行汇票第二联、第三联背面被背书人处填写委托收款银行名称，注明“委托收款”字样并加盖银行预留印鉴，印章要清晰。然后将银行汇票和进账单一并送交开户银行，委托开户银行收款。背书格式见表 4-10。

(3) 银行按照规定对银行汇票进行审查，审查无误后，将第一联进账单加盖“转讫”章交收款单位作为收款通知。收款单位依据银行退回的第一联进账单编制银行存款收款凭证。

(4) 在应收票据备查簿上登记票据承兑的日期和金额情况，并在注销栏内予以注销。

【原始凭证】

表 4-9　　中国××银行进账单（收账通知）1

20×3 年 2 月 25 日　　第 1—01 号

出票人	全称	L 市顺利有限公司	收款人	全称	L 市景雨有限公司
	账号	略		账号	37000000××2222
	开户银行	中国××银行××支行		开户银行	中国××银行××支行

人民币（大写）捌仟元整	千	百	十	万	千	百	十	元	角	分
				¥	8	0	0	0	0	0

票据种类	汇票	出票人开户行盖章
票据张数	1	
单位主管　会计　复核　记账		

此联是持票人开户银行交给持票人的收账通知

表 4-10　　　　背书图例

被背书人	中国××银行××支行
委托收款 L市景雨有限公司财务专用章 123456789 景雨印 背书人签章 20×3 年 2 月 25 日	

手续费凭证略。

【业务分录】

借：银行存款——结算户　　8 000

　贷：其他货币资金——银行汇票　　8 000

支付手续费：

借：财务费用——手续费　　8

　贷：银行存款——结算户　　8

（七）业务：银行承兑汇票到期办理委托收款

【业务内容】

2 月 26 日，查看应收票据备查簿对承兑日期为 2 月 28 日，即将到期的 L 市会运有限公司开具的银行承兑汇票办理委托收款手续。票据金额为 120 000 元，银行扣取承兑手续费 20 元。

【操作流程】

（1）日常关注应收票据备查簿，注意收到的各票据到期日或承兑日，银行承兑汇票的提示付款期为 10 天，应于承兑日期前 10 天内，及时到银行办理委托收款手续。

（2）办理委托收款手续，需填写委托收款凭证，委托收款凭证分为“委邮”、“委电”两种，均为一式五联，全部联次用双面复写纸一次性套写完成。委托收款凭证各联次介绍：

第一联为回单，由银行盖章后退给收款单位；

第二联为收款凭证，收款单位开户银行作收入传票；

第三联为付款凭证，付款人开户银行作为付出传票；

“委邮”第四联为收账通知，是收款单位开户银行在款项收妥后给收款人的收账通知，“委电”第四联为发电报的依据，付款单位开户银行凭此联向收款单位开户银行拍发电报；

第五联为付款通知，是付款人开户银行给付款单位按期付款的通知。

(3) 委托收款凭证的必填项有：表明“委托收款”的字样，付款人名称，收款人名称，委托金额大、小写，款项内容（如贷款、劳务费等），委托收款凭据名称（如汇票、发票等），委托日期及所附单证张数等，然后在委托收款凭证第二联收款人处加盖银行预留印鉴。各信息内容填写不全或有误，银行将不予受理。将委托收款凭证和委托收款依据（汇票）一并送交公司开户银行。委托收款银行的责任，只限于按照银行承兑汇票上记载事项将汇票金额转入持票人账户。

(4) 银行收到收款单位送交的委托收款凭证和有关单证后，会对委托收款的有关规定和填写凭证的有关要求进行审查，审查无误后办理委托收款手续，在委托收款凭证第一联上加盖业务用公章后退给收款单位，同时按规定收取一定的手续费和邮电费，并出具银行收费回单。委托收款凭证回单与手续费回单见表 4-11 和表 4-13。

(5) 收款单位财务部门根据银行盖章退回的委托收款凭证第一联、收费回单等原始凭证按照有关业务性质编制记账凭证，此凭证由会计编制。

(6) 在应收票据备查簿中对该票据进行注销。

(7) 款项收妥后依据银行收账通知单编制记账凭证。托收凭证——收账通知见表 4-12。

【原始凭证】

表 4-11　　××银行托收凭证（受理回单）1

委托日期　20×3　年　2月　26 日

<table>
<tr><td>业务类型</td><td colspan="4">委托收款（邮划√　电划□）</td><td colspan="4">托收承付（邮划□　电划□）</td></tr>
<tr><td rowspan="3">付款人</td><td>全称</td><td colspan="3">L 市会运有限公司</td><td rowspan="3">收款人</td><td>全称</td><td colspan="2">L 市景雨有限公司</td></tr>
<tr><td>账号</td><td colspan="3">略</td><td>账号</td><td colspan="2">37000000××2222</td></tr>
<tr><td>地址</td><td>×省×市×县</td><td>开户行</td><td>略</td><td>地址</td><td>×省×市×县　开户行</td><td>略</td></tr>
<tr><td>金额</td><td colspan="6">人民币（大写）壹拾贰万元整</td><td colspan="2">亿 千 百 十 万 千 百 十 元 角 分
¥ 1 2 0 0 0 0 0 0</td></tr>
<tr><td>款项内容</td><td colspan="2">货款</td><td>托收凭据名称</td><td>银行承兑汇票</td><td>附寄单证张数</td><td colspan="3">1</td></tr>
<tr><td>商品发运情况</td><td colspan="4"></td><td colspan="2">合同名称号码</td><td colspan="2"></td></tr>
<tr><td colspan="3">备注：
复核：　　记账：</td><td colspan="2">款项收妥日期
年　月　日</td><td colspan="4">收款人开户银行签章：
年　月　日</td></tr>
</table>

注：现委托收款邮划与电划、托收承付邮划与电划合并。

表 4-12 ××银行托收凭证（汇款依据或收账通知） 4

委托日期 20×3 年 2 月 26 日

<table>
<tr><td>业务类型</td><td colspan="6">委托收款（邮划√ 电划□）</td><td colspan="6">托收承付（邮划□ 电划□）</td></tr>
<tr><td rowspan="3">付款人</td><td>全称</td><td colspan="4">L 市会运有限公司</td><td rowspan="3">收款人</td><td>全称</td><td colspan="5">L 市景雨有限公司</td></tr>
<tr><td>账号</td><td colspan="4">略</td><td>账号</td><td colspan="5">37000000××2222</td></tr>
<tr><td>地址</td><td>×省×市×县</td><td>开户行</td><td colspan="2">略</td><td>地址</td><td>×省×市×县</td><td>开户行</td><td colspan="3">略</td></tr>
<tr><td>金额</td><td colspan="7">人民币（大写）壹拾贰万元整</td><td colspan="5">亿 千 百 十 万 千 百 十 元 角 分
¥ 1 2 0 0 0 0 0 0</td></tr>
<tr><td>款项内容</td><td colspan="2">货款</td><td>托收凭据名称</td><td colspan="2">银行承兑汇票</td><td colspan="2">附寄单证张数</td><td colspan="5">1</td></tr>
<tr><td>商品发运情况</td><td colspan="6"></td><td colspan="3">合同名称号码</td><td colspan="3"></td></tr>
<tr><td colspan="3">备注：
收款人开户银行收到日期
年 月 日</td><td colspan="3">上述款项已划入你方账户内
收款人开户银行签章
年 月 日</td><td colspan="7">复核 记账</td></tr>
</table>

此联付款人开户行用以汇款或收款人开户银行作收账通知

表 4-13 业务收费凭证

币别：人民币 20×3 年 2 月 26 日 流水号：0000000××

付款人：L 市景雨有限公司			账号：37000000××2222		
项目名称	工本费	手续费	电子汇划费		金额
		5	15		RMB20.00
金额（大写）人民币贰拾元整					RMB20.00
付款方式	转账				
业务类型：托收					

会计主管： 授权： 复核： 录入：

【业务分录】

借：银行存款——结算户　120 000

　贷：应收票据　120 000

支付手续费：

借：财务费用——手续费　20

　贷：银行存款——结算户　20

【其他业务举例】

向会运公司销售商品 20 000 元，采用委托收款方式结算，并用现金支付手续费 5 元。填写完委托收款凭证，附相关收款凭证即销售发票等至银行办理托收，办妥委托收款手续后，根据银行盖章退回的委托收款凭证第一联和发票等原始凭证编制记账凭证。

(1) 委托收款业务会计分录为：

借：银行存款——结算户　20 000

　贷：应收账款——会运公司　20 000

(2) 对于银行按规定收取的手续费，应根据收费凭证编制现金付款凭证，其会计分录为：

借：财务费用——手续费　5

　贷：库存现金　5

(八) 业务：托收承付方式销售商品收款

【业务内容】

2 月 25 日，向 M 市运捷公司采取托收方式销售产品 20 000 元，产品已发出。至银行办理托收承付手续，公司基本户于 28 日收到款项，银行扣取 15 元邮电手续费。

【操作流程】

(1) 收集整理产品销售资料，包括销售发票、出库单、运单、销售合同等。确认各单据数据金额无误。

(2) 填制一式五联的托收凭证，具体要求如前例。

(3) 将托收凭证与各销售凭证资料一同交开户银行办理托收。银行审核无误受理托收，盖银行受理章后退回托收凭证回单联。此联交会计人员编制记账凭证。

(4) 款项收妥后依据银行收账通知及银行收费回单编制记账凭证。

【原始凭证】

业务回单略，格式同上例。

【业务分录】

借：银行存款——基本户　20 000

　贷：应收账款——运捷公司　20 000

借：财务费用——手续费　　15

　贷：银行存款——基本户　　15

温馨提醒

（1）对无理拒付的，可委托银行重办托收。在收到退回的结算凭证及其所附单证后，需要委托银行重办托收，填写“重办托收理由书”。将其中三联连同购销合同、有关证据和退回的原托收凭证及交易单证，一并送交银行。只有确属无理拒绝付款，才可以重办托收。

（2）收款人开户银行对逾期尚未划回，又未收到付款人开户银行寄来逾期付款通知或拒绝付款理由书的托收款项，应当及时发出查询。付款人开户银行需积极查明并及时答复。

（3）银行无法审查拒绝付款事由，收款单位接银行通知应及时与对方联系协商处理，上报领导沟通情况，确认处理方式。

（4）未经开户银行批准使用托收承付结算方式的城乡集体所有制工业企业，收款人开户银行不得受理其托收业务，付款人开户行为其承付的款项除按规定支付外，还要对该付款人按结算金额处以5%的罚款。

【其他业务举例】

（1）收到开户银行转来的付款单位的委托收款凭证第四联和“拒绝付款理由书”第四联（如部分拒付的还附有拒付部分商品清单及有关单证），应立即与付款单位取得联系，协商解决方法，对于全部拒付的，如果由付款方退回所购货物，收款单位应编制转账凭证，冲减原有销售收入，会计分录如下：

借：主营业务收入

　　应交税费——应交增值税（销项税额）

　贷：应收账款

（2）如果经过与客户协商同意用其他产品或商品替换原产品或商品，或者给予对方一定的销售折扣，则重新办理委托收款手续，可以冲减原有销售收入，然后按照新的委托收款凭证重新进行会计处理，也可以在原有销售收入基础上进行会计处理。比如经过协商，收款方同意给予对方额外的销售折扣，则收款方重新办理委托收款手续，可以冲销原有销售收入，然后按照新的委托收款金额编制转账凭证，确定销售收入。

例：采用委托收款方式向A公司销售商品180 000元，A公司以商品品种不符合要求予以全部拒付，经过协商，同意给予A公司20%的销售折让，出纳重新办理委托收款手续。这时首先应根据拒付理由书等有关凭证编制转账凭证，冲销原有销售收入，然后按新的委托收款凭证重新确定销售收入，冲销时，作会计分录如下：

借：主营业务收入 153 846.15

应交税费——应交增值税（销项税额） 26 153.85

贷：应收账款—— A 公司 180 000

按照新的委托收款凭证确定销售收入，其会计分录为：

借：应收账款——A 公司（180 000－180 000×20%） 144 000

贷：主营业务收入 123 876.93

应交税费——应交增值税（销项税额） 20 923.07

注：也可以不冲销原分录，只冲销原分录金额的 20%。

实际收到款项时，按实际收到金额编制银行存款收款凭证，其会计分录为：

借：银行存款 144 000

贷：应收账款——A 公司 144 000

（3）收到开户银行转来的委托收款凭证及有关单证和无款支付通知书后应立即与付款单位取得联系，协商解决办法。对于部分付款的应于收到款项时按照实际收到金额编制银行存款收款凭证，对未付款部分暂保留在应收账款中；如无款支付，也可暂时保留在应收账款中，留待进一步解决。对于部分拒付的，应于实际收到该部分款项时，编制银行存款收款凭证，其会计分录为：

借：银行存款

贷：应收账款——××单位

（4）对方拒付后退回拒付部分货物的，应编制转账凭证，冲销拒付部分销售收入，其会计分录为：

借：主营业务收入

应交税费——应交增值税（销项税额）

贷：应收账款——××单位

（5）如果经过协商，对于拒付部分给予销售折让，可重新办理委托收款手续，其账务处理方法同全部拒付相同。以上涉及结转类会计凭证由会计人员处理，出纳只需将相关单据提交会计即可，或与会计人员沟通后再编制凭证。

（九）业务：收到外币货款并结汇

【业务内容】

2 月 27 日收到银行外汇收款回单，美元账户收到货款 4 847 美元，依据相关要求即时办理结汇。月初美元汇率为 1∶6.102 5。

【操作流程】

（1）将外汇收款回单收款金额与应收账款金额核对，确认收款是否有误，依据月初汇率进行人民币换算后编制外币账户收款凭证。

（2）依据即时结汇通知书编制外币结汇凭证。收款回单与结汇回单见表 4-14 和

表 4-15。

【原始凭证】

表 4-14：外汇收款回单

中国××银行

L 市××支行客户回单

20×3 年 2 月 27 日

币种：USD　　　　编号：409999 ** 1355419

账号	户名	金额
		USD（+）4 847.00

汇入汇款　收汇日期：20×3/02/28　收汇金额：USD 4 847.00　汇款人：略

表 4-15　银行即期实时结汇通知书

××银行即期实时结汇通知书

预约编号：40JJ4213××-001　　交易日期：20×3 年 02 月 28 日
客户：L 市景雨有限公司
客户卖出：USD4 847.00　　账号：×××
客户买入：CNY29 627.29　　账号：×××
汇率：6.1125
交割日期：20×3 年 02 月 28 日
附言：2 月出口收入
经办：××　　复核：××　　××银行支行营业部

【业务分录】

收外汇款时：

借：银行存款——美元户（4 847×6.102 5）　29 578.82
　贷：应收账款——F 公司（4 847×6.102 5）　29 578.82

结汇时：

借：银行存款——基本户　29 627.29
　　财务费用——汇兑损益　−48.47
　贷：银行存款——美元户（4 847×6.112 5）　29 627.29

温馨提醒

（1）由于在国内是以人民币为记账本位币，因此，对于外币业务需要换算成人民币进行核算。而外汇汇率实时波动，因此，外币核算一般采取每年初 1 月 1 日或每月 1 日外汇管理局挂牌公布的外汇汇率作为外币会计核算的依据，在具体的核算中还需要依据公司会计核算要求与业务情况进行外币损益调整。

损益调整方式如下：

①外币损益调整一般每月或每季度依据月度最后一日或季度最后一日的挂牌汇率对外币与人民币的换算损益进行会计处理；一般企业都采取季度调整方式，若企业管理需要也可以每月调整一次。

②结汇时外币账户已没有余额的，与结汇账务处理同步进行损益调整会计核算；只对部分外币结汇则只针对结汇部分进行汇兑损益调整，账户内余额则暂不调整，待每月或每季度统一调整时再一起核算损益。

③对于外汇业务很少的企业，可在收款时，依据当天的汇率核算。结汇时再进行汇兑损益调整。

(2) 部分银行要求有外币业务的企业需要开立外币“待核查账户”，外币收款先进待核查账户，银行审核完毕后再将款项转入企业外币账户。

(3) 外币账户中的外币转换成人民币需要填写结汇申请书，依据企业类型提交相关文件，委托银行办理。企业类型分为A类、B类与C类，A类企业结汇只需填写结汇申请书即可，B类与C类企业则需要提交外汇款项收款证明文件，如销售合同、出关单等。结汇申请书见表4-16。

表4-16 ××银行单位外汇交易申请书

NO. 000×××

申请类型	■结汇 □售汇 □套汇	银行业务编号	略
单位名称	L市景雨有限公司	组织机构代码	7845××43
付款账号	37000000××3333	收款账号	37000000××1111
卖出币种及金额	US$4 847	买入币种及金额	RMB29 627.29
资金来源	■贸易 □非贸易 □资本金 □外债 □其他	资金用途	略
外汇局核准件编号	略	付款方式	□信用证 □进口代收 □转口贸易 □预付款 ■货到付款 □旅行支票 □现金 □其他
交易日	20×3年2月28日	牌价	■标准价 □特殊价________

续表

<table>
<tr><td colspan="3">所附材料：
1.
2.
3.
我单位向贵行申请 结汇 交易，审核资料见所附材料，请按交易日牌价办理外汇交易，所需资金从我单位在贵行账户中支付。

申请人签章（预留印鉴）
申请日期：20×3 年 2 月 28 日</td></tr>
<tr><td>网点意见

复核 经办</td><td>支行意见
银行签章
复核 经办</td><td>分行意见
银行签章
复核 经办</td></tr>
</table>

【其他业务举例】

（1）2 月 5 日，收到外币货款 2 000 元月初美元汇率为 1∶6.012，依据收款业务回单入账，会计分录如下：

借：银行存款——美元户（2 000×6.012） 12 024

应收账款 12 024

如有待核查账户，依据外汇收款水单入账，则会计分录如下：

借：银行存款——待核查账户（2 000×6.012） 12 024

贷：应收账款 12 024

借：银行存款——美元户（2 000×6.012） 12 024

贷：银行存款——待核查账户（2 000×6.012） 12 024

（2）2 月 7 日申请结汇 1 000 美元，当天汇率为 1∶6.022，依据结汇收款或通知单入账，会计分录如下：

借：银行存款——基本户（1 000×6.022） 6 022

财务费用——汇兑损益（6 022－6 012） 10（红字）

贷：银行存款——美元户（1 000×6.012） 6 012

（3）2 月最后一天的汇率为 1∶6.031，进行损益调整，会计分录如下：

借：银行存款——美元户［(6.031－6.012)×1 000］ 19

财务费用——汇兑损益 19（红字）

（4）3 月 31 日当天汇率为：6.000，进行损益调整，会计分录如下：

借：财务费用——汇兑损益 31

贷：银行存款——美元户［(6.031－6.000)×1 000］ 31

（5）4 月 1 日，收到美元户利息回单，收到利息 3 美元，依据利息收款回单入账，会计分录如下：

借：银行存款——美元户（3×6.000）　　18

　贷：财务费用——利息　　18

温馨提醒

《小企业会计准则》规定：汇兑收益在“营业外收入”科目核算。

【相关链接】

《企业会计准则第19号——外币折算》

第一章　总则

……

第二条　外币交易，是指以外币计价或者结算的交易。外币是企业记账本位币以外的货币。外币交易包括：

（一）买入或者卖出以外币计价的商品或者劳务；

（二）借入或者借出外币资金；

（三）其他以外币计价或者结算的交易。

第三条　下列各项适用其他相关会计准则：

（一）与购建或生产符合资本化条件的资产相关的外币借款产生的汇兑差额，适用《企业会计准则第17号——借款费用》。

（二）外币项目的套期，适用《企业会计准则第24号——套期保值》。

（三）现金流量表中的外币折算，适用《企业会计准则第31号——现金流量表》。

第二章　记账本位币的确定

第四条　记账本位币，是指企业经营所处的主要经济环境中的货币。

企业通常应选择人民币作为记账本位币。业务收支以人民币以外的货币为主的企业，可以按照本准则第五条规定选定其中一种货币作为记账本位币。但是，编报的财务报表应当折算为人民币。

第五条　企业选定记账本位币，应当考虑下列因素：

（一）该货币主要影响商品和劳务的销售价格，通常以该货币进行商品和劳务的计价和结算；

（二）该货币主要影响商品和劳务所需人工、材料和其他费用，通常以该货币进行上述费用的计价和结算；

（三）融资活动获得的货币以及保存从经营活动中收取款项所使用的货币。

第六条　企业选定境外经营的记账本位币，还应当考虑下列因素：

（一）境外经营对其所从事的活动是否拥有很强的自主性；

（二）境外经营活动中与企业的交易是否在境外经营活动中占有较大比重；

（三）境外经营活动产生的现金流量是否直接影响企业的现金流量、是否可以随时汇回；

（四）境外经营活动产生的现金流量是否足以偿还其现有债务和可预期的债务。

第七条 境外经营，是指企业在境外的子公司、合营企业、联营企业、分支机构。在境内的子公司、合营企业、联营企业、分支机构，采用不同于企业记账本位币的，也视同境外经营。

第八条 企业记账本位币一经确定，不得随意变更，除非企业经营所处的主要经济环境发生重大变化。

企业因经营所处的主要经济环境发生重大变化，确需变更记账本位币的，应当采用变更当日的即期汇率将所有项目折算为变更后的记账本位币。

第三章 外币交易的会计处理

第九条 企业对于发生的外币交易，应当将外币金额折算为记账本位币金额。

第十条 外币交易应当在初始确认时，采用交易发生日的即期汇率将外币金额折算为记账本位币金额；也可以采用按照系统合理的方法确定的、与交易发生日即期汇率近似的汇率折算。

第十一条 企业在资产负债表日，应当按照下列规定对外币货币性项目和外币非货币性项目进行处理：

（一）外币货币性项目，采用资产负债表日即期汇率折算。因资产负债表日即期汇率与初始确认时或者前一资产负债表日即期汇率不同而产生的汇兑差额，计入当期损益。

（二）以历史成本计量的外币非货币性项目，仍采用交易发生日的即期汇率折算，不改变其记账本位币金额。

货币性项目，是指企业持有的货币资金和将以固定或可确定的金额收取的资产或者偿付的负债。

非货币性项目，是指货币性项目以外的项目。

二、银行付款业务实例

（一）业务：缴付税费

【业务内容】

2月8日，收到会计丹丹交来支付税费的用款申请单，需缴付税款39 492.62元。见表4-17。

【操作流程】

（1）查看用款申请单各项目填写是否正确，权限审批人是否审批到位。

（2）依据用款申请单据金额，确认银行账户中是否有足额的款项。如没有需提前做转款手续保证缴费账户资金充足，以便税费顺利划缴。一般会计会提前告知需缴税的金额，以便出纳进行备款。现在税费缴纳一般会与公司的银行账户绑定（一般为基本户），会计人员网上申报税费成功后，税费款会从绑定银行账户中自动划缴。

（3）确认税款已划缴，在用款申请单上盖“银行转讫”章，至银行取回完税凭证（见表4-18），附用款申请单后，编制会计凭证。

【原始凭证】

表 4-17

用款申请单

单位名称：	L市景雨有限公司			
请款人	申请人	丹丹	申请日期	20×3 年 02 月 8 日
	部门	财务部		
收款单位	公司名称	—		
	账号	—		
	开 户 行	—		
	开户行地址	—		
请款金额（大写）	叁万玖仟肆佰玖拾贰元陆角贰分		金额（小写）￥：39 492.62	
用途	货款	—		
	特殊支出	—		
	其他费用	1月份税费		
	备注	银行自动划缴		
付款方式	现金	—		
	银行转账	√		
	其他	—		

主管审核：　　财务审核：石磊　　总经理审核：景雨

表 4-18：完税凭证（国税）

中华人民共和国
税收电子转账完税证（20×31）×国电 1517967

填发日期：20×3 年 02 月 08 日　　3700000800660000×××

税务登记代码	370000000000088	征收机关	L市国家税务局××区分局税源管理三科
纳税人全称	L市景雨有限公司	收款银行（邮局）	中国××银行××支行
税（费）种		税款所属时间	实缴金额
增值税		20×3-01-01 至 20×3-01-31	29 669.87
金额合计	（大写）人民币贰万玖仟陆佰陆拾玖元捌角柒分		￥29 669.87

税务机关 （盖章）	收款银行（邮局） （盖章）	经手人 （盖章）	备注	

电脑打印　　手工无效

表 4-19：完税凭证（地税）

通用凭证

电子缴税付款凭证

机构代号：003010801　　委托日期：20×3/02/08　　流水号：2017111

柜员代号：002　　主管代号：01　　币别：人民币

纳税人全称：L 市景雨有限公司

纳税人编码：370000000000088

付款人全称：L 市景雨有限公司

付款人账号：37000000××1111　　付款人开户银行：000326500029

征收机关名称：L 市地方税务局××区分局

收款国库行名称：国家金库 L 市中心支库

小写（合计）金额：3 560.39　　缴款书交易流水号：51628022

大写（合计）金额：叁仟伍佰陆拾元叁角玖分

税票号码：0370110161968843　　打印时间：20×3/02/09

税/费种名称	所属时期	实缴金额	打印次数
城市维护建设税	20×30101—20×30131	2 076.89	1
教育费附加	20×30101—20×30131	890.10	1
地方教育费附加	20×30101—20×30131	593.40	1

主管：　　复核：　　经办：

表 4-20：完税凭证（地税）

通用凭证

电子缴税付款凭证

机构代号：003010801　　委托日期：20×3/02/08　　流水号：2017112

柜员代号：002　　主管代号：01　　币别：人民币

纳税人全称：L 市景雨有限公司

纳税人编码：370000000000088

付款人全称：L 市景雨有限公司

付款人账号：37000000××1111　　付款人开户银行：000326500029

征收机关名称：L 市地方税务局××区分局

收款国库行名称：国家金库 L 市中心支库

小写（合计）金额：262.36　　缴款书交易流水号：51628026

大写（合计）金额：贰佰陆拾贰元叁角陆分

税票号码：0370110161968843　　打印时间：20×3/02/09

税/费种名称	所属时期	实缴金额	打印次数
印花税	20×30101—20×30131	262.36	1

主管：　　复核：　　经办：

表 4-21：完税凭证（地税）

通用凭证

电子缴税付款凭证

机构代号：003010801　委托日期：20×3/02/08　流水号：2017113
柜员代号：002　主管代号：01　币别：人民币
纳税人全称：L 市景雨有限公司
纳税人编码：370000000000088
付款人全称：L 市景雨有限公司
付款人账号：37000000××1111　付款人开户银行：000326500029
征收机关名称：L 市地方税务局××区分局
收款国库行名称：国家金库 L 市中心支库
小写（合计）金额：6 000.00　缴款书交易流水号：51628026
大写（合计）金额：陆仟元整
税票号码：0370110161968843　打印时间：20×3/02/09

税/费种名称	所属时期	实缴金额	打印次数
个人所得税	20×30101—20×30131	6 000.00	1

主管：　复核：　经办：

【业务分录】

借：应交税费——未交增值税　29 669.87
　　——应交城市维护建设税　2 076.89
　　——教育费附加　890.10
　　——地方教育费附加　593.4
　　——应交个人所得税　6 000
　管理费用——印花税　262.36
贷：银行存款——基本户　39 492.62

温馨提醒

《小企业会计准则》规定：印花税在“营业税金及附加”科目核算。

（二）业务：支付职工薪酬

【业务内容】

2 月 15 日通过银行支付 1 月份职工薪酬。其中：职工工资 99 500 元，职工福利 3 990 元（食堂工人工资），代扣个人负担的社会保险 4 425.3 元，代垫医药费用 2 674.7元，代扣个人所得税 6 000 元。

【操作流程】

（1）做好资金调度。人事专员提前报备工资发放数额，包括现金发放部分。出纳人员进行备款，确认基本户余额情况，提前备好需用的现金。如基本账户余额不足，可请示部门领导从公司其他一般账户中转款至基本账户备用。

（2）确认工资发放明细表，人力资源部、财务部、总经理依据审批权限审批到位。(见表4-22)。

（3）确认实发金额、合计栏金额一致；确认是否有其他扣款项目需从工资中扣回的情况，如长期借款等。如有扣款，针对扣款金额，填开收款收据给被扣款人，做好借款登记表的扣回登记。并在工资表上做好标记，以避免发放错误。

（4）确认有无新增人员，有则需确认是否已有新增人员的工资卡账号，如没有则通知人事专员补齐。一般临时员工或个别特殊员工工资需要现金发放，应事先备报。如职工变更工资卡账号需提前提交账号纸制文档（需本人签字），至出纳处变更。

（5）以工资表“实发金额”栏进行发放。可通过企业网银批量汇款功能进行工资发放，也可采用现金方式发放。以现金方式发放的工资，需要职工签字领取。先签字后发款，工资当面点清。通过银行发放工资则不需要职工签字，以银行回单作为发放凭证。通常现金发放与银行放发的工资表会分开制表。工资发放完毕，在工资单上盖“现金付讫”、“银行转讫”章。

（6）整理好工资发放相关的单据，编制记账凭证。

【原始凭证】

表4-22

2月工资发放明细表

20×3年2月15日

序号	姓名	工资薪金	代扣保险	税前小计	应纳税所得额	税率	速算扣除数	代扣个税	代垫费用	实发金额	签领
1	景雨	10 000	1 050	8 950	5 450	20%	555	535		8 415	
2	石磊	8 000	840	7 160	3 660	10%	105	261		6 899	
3	郑业	6 000	630	5 370	1 870	10%	105	82		5 288	
4	陈晓	4 000	420	3 580	80	3%	0	2.4	2 675	902.6	
5	赵可	2 000	192.2	1 807.8	0	—	0	0		1 807.8	
⋮	⋮	⋮	⋮	⋮	⋮	⋮	⋮	⋮	⋮	⋮	
	合计	103 490	4 425	99 065	28 150	—	—	6 000	2 675	90 390	
总经理：景雨			财务经理：石磊			人力资源部经理：张丽				制表：张三	

注：工资薪金所得，是指个人因任职或者受雇而取得的工资、薪金、奖金、年终加薪、劳动分红、津贴、补贴以及与任职或者受雇有关的其他所得。因本表篇幅所限，未分列各项目，合并列为工资薪金。

应纳税所得额＝月工薪收入（扣除免税所得）－扣除标准（3 500）－附加减除费用

应纳税额＝应纳税所得额×适用税率－速算扣除数

【业务分录】

借：应付职工薪酬——职工工资　99 500

　　　　　　　——职工福利　3 990

　贷：银行存款——基本户　90 290

　　其他应付款——社会保险费（代扣代缴职工个人负担部分）　4 425

　　其他应收款——代垫费用——陈晓（代垫水电费、医药费等各种代垫费用）　2 675

　　应交税费——应交个人所得税　6 000

温馨提醒

为保证工资发放的安全性、准确性与及时性，可以结合公司实际情况合理选择工资发放形式。发放形式有：

（1）现金发放，即直接以现金形式发放。此形式较烦琐，且易出错，一般企业不采用或公司少数人员采用。临时职工或试用期职工工资多采用现金发放。

（2）企业网银发放，要求公司职工办理同一家银行的工资卡，可节约跨行汇款的手续费用。出纳提前收集整理好人员的工资卡账号。可手工依据工资单逐笔进行转账发放。现在多数银行有批量汇款功能（主要就是针对工资发放），下载导入模板，依据模板整理数据清单（通常包括名户、账号、金额等栏位），导入网银，银行确认企业账户中有足额款项即会自动依据清单进行批量汇款。后至银行取回单即可。银行工资导入模板见表 4-23。

表 4-23　**网银批量汇款——工资发放导入模板**

业务类型：	C1-人民币/外币行内代付	转出账号：	37000000××1111	币种：	CNY-人民币	业务摘要：	EV-工资	
序号	转入账号	转入名称	金额	转入行省行	证件类型	证件号码	备注	错误标识
1	略	景雨	8 415	35-××	身份证	略		
2	略	石磊	6 899	36-××	身份证	略		
3	略	郑业	5 288	37-××	身份证	略		
⋮								

注：各行格式及要求略有不同，具体处理业务时可查看各行网银相关介绍。

（3）委托开户银行进行批量汇款，应事先办理委托代发工资的申请。每月依据银行要求格式制作放发清单，加盖公司公章，提交银行协助办理（清单提交份数各行要求不同），款项发放完毕，银行会提供发放清单盖有银行“业务办讫”章，可依据此单与工资表编制记账凭证。

（三）业务：委托银行办理电汇

【业务内容】

2月11日，供应部经理叶项计划至M市采购商品，委托银行以电汇方式向M市×银行汇款200 000元，设立临时采购专户。银行按规定收取手续费48.5元，从账户中扣收。

【操作流程】

（1）查看用款申请单填写是否完整，大小写金额是否一致，领导审批是否到位。见表4-24。

（2）填写电汇凭证，详细填明汇入地点、汇入银行名称、收款人名称、汇款金额、汇款用途（军工产品可以免填）等各项内容，并在电汇凭证第二联上加盖预留银行印鉴。

（3）将电汇凭证递交银行柜台人员处理。根据银行盖章退回的汇款凭证第一联与收费凭证（见表4-25和表4-26），编制记账凭证。

【原始凭证】

表4-24

用款申请单

单位名称：	L市景雨有限公司			
请款人	申请人	叶英	申请日期	20×3年02月11日
	部门	供应部		
收款单位	公司名称	L市景雨有限公司		
	账号	000000000××66		
	开户行	××银行		
	开户行地址	××银行××支行		
请款金额（大写）	贰拾万元整		金额（小写）￥：200 000	
用途	货款	—		
	特殊支出	—		
	其他费用	—		
	备注	M市临时户采购用款		
付款方式	现金	—		
	银行转账	—		
	其他	电汇		

主管审核：石磊　　财务审核：丹丹　　总经理审核：景雨

表 4-25

中国××银行电汇凭证（回单）

■普通□加急　　　　委托日期　　20×3 年 2 月 11 日
DH0000006

汇款人	全称	L 市景雨有限公司	收款人	全称	L 市景雨有限公司	（1）此联汇出行给汇款人的回单
	账号	37000000××2222		账号	000000000××66	
	汇出地点	××省 L 市/县		汇入地点	×× 省 M 市/县	
汇出行名称		××银行××支行	汇入行名称		××银行 YY 支行	
金额	人民币（大写）	贰拾万元整			亿千百十万千百十元角分 ¥2 0 0 0 0 0 0 0	
			支付密码			
			附加信息及用途：			
汇出行签章			复核：　记账：			

表 4-26

业务收费凭证

币别：人民币　　　　20×3 年 2 月 11 日　　　　流水号：000000005

付款人：L 市景雨有限公司			账号：37000000××2222		
项目名称	工本费	手续费	电子汇划费		金额
	0	0.5	48		RMB48.50
金额（大写）人民币肆拾捌元伍角					RMB48.50
付款方式	转账				
业务类型：电汇					

会计主管：　　　授权：　　　复核：　　　录入：

【业务分录】

借：其他货币资金——外埠存款　　　　200 000

贷：银行存款——结算户　　200 000

借：财务费用——手续费　　48.5

贷：银行存款——结算户　　48.5

【其他业务举例】

（1）汇款单位根据银行退回的信、电汇凭证第一联，根据不同情况编制记账凭证。如果汇款单位用汇款方式支付欠款，会计分录为：

借：应付账款——××单位

贷：银行存款

（2）汇款单位为购买对方单位产品而预付货款，会计分录为：

借：预付账款——××公司

贷：银行存款

（3）如没有电汇凭证需向银行购买，购买电汇凭证支付工本费的会计分录：

借：管理费用——办公费

贷：银行存款

温馨提醒

（1）汇款单位需要派人到汇入银行领取汇款时，除在“收款人”栏写明取款人的姓名外，还应在“账号或住址”栏内注明“留行待取”字样。“留行待取”的汇款，需要指定具体收款人领取汇款，应注明收款人的单位名称。

（2）个体经济户和个人需要在汇入银行支取现金时，应在信、电汇凭证上“汇款金额”大写栏先填写“现金”字样，接着再紧靠其后填写汇款金额大写。

（3）确定不进行转汇，应在“备注”栏内注明。

（4）汇款需要收款单位凭印鉴支取，应在信汇凭证第四联上加盖收款单位预留银行印鉴。

（5）采用信汇，应填制一式四联“信汇凭证”：

“信汇凭证”第一联（回单），是汇出行受理信汇凭证后给汇款人的回单；第二联（支款凭证），是汇款人委托开户银行办理汇款时转账付款的支付凭证；

第三联（收款凭证），是汇入行将款项收入收款人账户后的收款凭证；

第四联（收账通知或取款收据），是在直接记入收款人账户后通知收款人的收款通知，或不直接记入收款人账户时收款人凭以领取款项的取款收据。

（6）“电汇凭证”一式三联。第一联（回单），是汇出行给汇款人的回单；第二联（支款凭证），为汇出银行办理转账付款的支款凭证；第三联（发电依据），是汇出行向汇入行拍发电报的凭据。

（7）信、电汇凭证填写完毕后，应注意审查。审查的内容包括：信、电汇凭证填写的各项内容是否齐全、正确；账户内是否有足够支付的存款余额；盖的预留银行印鉴是否相符，等等。

(8) 银行办理完毕会在第一联回单上加盖“转讫”章后退回，并按规定收取一定数额的手续费；对不符合条件的，汇出银行不予办理汇出手续，会作退票处理。

(9) 如没有信、电汇凭证可向银行购买。需填写空白凭证领购申请单（银行提供），盖公司预留印鉴，并提交经办人身份证，银行方予办理。

（四）业务：申请银行汇票操作

【业务内容】

2月12日申请签发一份12万元的银行汇票一张，提交供应部经理叶英至M市A公司采购材料。银行办理汇票并从账户中扣取60元手续费。

【操作流程】

(1) 审核银行汇票请领单，确认收款人、开户行、账号等信息填写无误，金额大小写一致，领导审批到位。见表4-27。

(2) 查询账户资金情况，确认申请汇票账户有足够的余额。

(3) 填写“银行汇票申请书”（有的银行是“银行汇票委托书”，此表可向银行柜台索取），逐项写明申请人名称和账号、收款人名称和账号、兑付地点、汇款金额、汇款用途等信息，并在第二联“申请人盖章”处，加盖申办汇票扣款账户的预留银行印鉴，然后将申请书递交银行柜台办理。见表4-28。

(4) 银行受理审核通过后，会签发银行汇票并将盖有银行汇票专用章的“银行汇票联”和“解讫通知联”及盖有银行转讫章的“银行汇票申请书”第一联存根联（见表4-29）退给申办人，企业可依此单进行账务处理。按规定银行可收取一定数额的手续费和邮电费，该费用可交现金亦可在银行账户中扣取，企业根据银行出具的收费收据或账户费用扣款单作为费用凭证进行账务处理。

(5) 应按规定登记“应付票据备查簿”，将银行汇票的有关内容，如签发日期，收款单位名称、开户银行、账号，持票人部门、姓名，汇款用途等等一一进行登记，以备日后查对。登记应付票据备查簿后将汇票“银行汇票联”和“解讫通知联”一同交给票据请领人签收。

(6) 日常应关注应付票据备查簿，对票据的到期时间进行关注，做好资金准备，一般银行承兑汇票到期前7日银行会发通知。接到通知需保证付款账户有足够的资金支付票据承兑银行托收款，票据到期并已承兑付款，应及时在应付票据备查簿中销注。

【原始凭证】

银行汇款请领单、申请书、汇票（费用扣款凭证略）。

表 4-27　**银行汇票请领单**

请领日期	20×3 年 02 月 12 日	收款人	M 市 A 公司
开户银行	M 市××银行	开户银行账号	3700000800660000YYY
汇款用途	采购商品		
汇款金额人民币（大写）	壹拾贰万元整		¥120 000.00

单位领导：景雨　　部门负责人：石磊　　请领人：叶英

表 4-28　**中国××银行汇票申请书**

申请日期　20×3 年 2 月 12 日　　第　号

申请人	L 市景雨有限公司	收款人	M 市 A 公司									
账号	37000000××2222	账号	3700000800660000YYY									
用途	购商品	代理付款行	M 市××银行									
汇票金额	人民币（大写）　壹拾贰万元整		千	百	十	万	千	百	十	元	角	分
				¥	1	2	0	0	0	0	0	0
备注												

表 4-29　**××银行汇票申请书（存根）　1**

申请日期 20×3 年 2 月 12 日　　第 0062 号

申请人	L 市景雨有限公司	收款人	M 市 A 有限公司									
账号或住址	37000000××2222	账号或住址	3700000800660000YYY									
用途	购材料	代理付款行	M 市××银行									
汇票金额	人民币（大写）　壹拾贰万元整		千	百	十	万	千	百	十	元	角	分
				¥	1	2	0	0	0	0	0	0
备注	科目＿＿＿＿ 对应科目＿＿＿＿ 财务主管　复核　经办											

此联申请人留存

【业务分录】

汇票办理转款：

借：其他货币资金——银行汇票　120 000

　贷：银行存款——结算户　120 000

扣手续费：

借：财务费用——手续费　60

　贷：银行存款——结算户　60

【其他业务举例】

（1）如果用现金办理银行汇票，则财务部门在收到银行签发的银行汇票后根据“银行汇票申请”第一联存根联编制现金付款凭证。其会计分录为：

借：其他货币资金——银行汇票

　贷：库存现金

（2）如用现金支付手续费、邮电费，则应编制现金付款凭证。其会计分录为：

借：财务费用——手续费

　贷：库存现金

（3）如汇票申请的出票金额为120 000元，实际结算117 000元，收票方会在“解讫通知联”实际结算金额栏填写最终结算的金额。收票方收款受理银行会按实际结算金额进行结算。结算完毕，出票银行依据汇票第四联“多余款收账通知”（见表4-30）将多余款退至申请人账户。企业可根据银行“多余款收账通知”编制收款凭证。会计分录如下：

借：银行存款——结算户　3 000

　贷：其他货币资金——银行汇票　3 000

表4-30：银行汇票多余款收账通知联

××银行

付款期限 壹个月

银行汇票（多余款收账通知）　4　　第0062号

出票日期（大写）贰零×叁年零贰月壹拾贰日　　代理付款行：M市××银行 行号000××

收款人：M市A有限公司		账号：3700000080066000OYYY									
出票金额 人民币（大写）：壹拾贰万元整											
实际结算金额	人民币（大写）壹拾壹万柒仟元整	千	百	十	万	千	百	十	元	角	分
			¥	1	1	7	0	0	0	0	0

申请人L市景雨有限公司　　账号：37000000××2222

出票行××银行××支行

行　号00×××

用途　购材料

多余金额									
千	百	十	万	千	百	十	元	角	分
			¥	3	0	0	0	0	0

左列退回多余金额已收入你账户内

财务主管　复核　经办

此联出票行结清多余款后交申请人

（五）业务：支付贷款利息

【业务内容】

2 月 20 日，收到银行贷款利息通知，基本户扣除利息 248.4 元。

【操作流程】

（1）企业在贷款时会约定贷款还款与利息支付方式，贷款利息可月付、季付、半年付、年付或一次性还本付息等。本例中是每月支付一次贷款利息。

（2）贷款还款与利息支付，可与公司账户绑定，一般为基本户，支付期限到期时银行自动从指定账户中扣款。出纳在日常工作中需要注意各支付日期，并提前做好资金准备，保证银行账户中有足够支付款项的资金。

（3）采用现金还款的，收到银行利息支付通知单可至银行缴存现金。

（4）依据银行盖了章的利息通知单客户回单联进行账务处理。做银行借款登记表的需进行还款、利息支付等情况登记。银行贷款利息通知单见表 4-31。

【原始凭证】

表 4-31　××银行贷款利息通知单

20×3 年 2 月 20 日

户名	L 市景雨有限公司		账号	37000000××1111							
利息计息时间	20×3 年 1 月 21 日起 20×3 年 2 月 20 日止	利息积数	800 000.00	利率	11.178 0%						
利息金额	人民币（大写）贰佰肆拾捌元肆角			十	万	千	百	十	元	角	分
						¥	2	4	8	4	0
以上利息已从你单位存款账户扣除 银行签章 20×3 年 2 月 20 日			科目 对方科目______ 记账　复核　制单								

【业务分录】

会计分录：借：财务费用——利息支出　248.4

　　　　　贷：银行存款——基本户　248.4

【其他业务举例】

（1）若非每月支付利息，如按季支付或按年等情况，应先计提利息费用，会计分录为：

借：财务费用——利息支出

　贷：应付利息

（2）按合同约定实际支付利息时，会计分录为：

借：应付利息

　　贷：银行存款

（3）如为购建固定资产的专门借款产生的贷款利息，固定资产未达到可使用状态前，应计入在建工程成本，会计分录为：

借：在建工程

　　贷：银行存款

（六）业务：偿还银行贷款

【业务内容】

2月21日，短期借款到期，收到银行还款凭证，支付贷款本金800 000元。

【操作流程】

（1）贷款即为向银行的借款，依据期限可分为短期借款（借款期限一年以内含一年）与长期借款（借款期限超过一年）。

（2）贷款到期一般银行会通知贷款人。可到银行取得贷款还款凭证（一般为四联），将各栏次内容准确填写完毕，在指定联次上盖还款账户的预留银行印鉴后递交银行进行扣款。各银行的还款凭证会有所差异，但基本内容差不多。

（3）银行办理完毕还款手续会在偿还贷款收据联（一般为第三联）上盖“银行转讫”章，退给还款人作为还款入账凭证。贷款还款凭证见表4-32。

【原始凭证】

表4-32　　××银行贷款还款凭证

收款日期20×3年2月21日　　　　号码：00626

<table>
<tr><td>借款单位名称</td><td>L市景雨有限公司</td><td>贷款账号</td><td>60955636</td><td colspan="3">结算账号</td><td colspan="6">3700000800660000×××</td></tr>
<tr><td rowspan="2">还款金额（大写）</td><td rowspan="2" colspan="3">人民币捌拾万元</td><td>百</td><td>十</td><td>万</td><td>千</td><td>百</td><td>十</td><td>元</td><td>角</td><td>分</td></tr>
<tr><td>¥</td><td>8</td><td>0</td><td>0</td><td>0</td><td>0</td><td>0</td><td>0</td><td>0</td></tr>
<tr><td rowspan="2">贷款种类</td><td rowspan="2">流动资金借款</td><td colspan="2">借出日期</td><td colspan="9">原约定还款日期</td></tr>
<tr><td colspan="2">20×2年8月21日</td><td colspan="9">20×3年2月21日</td></tr>
<tr><td colspan="4">上述借款请从本单位存款户中支付。
借款单位盖章：</td><td colspan="9">会计分录：
复核员：　　记账员：</td></tr>
</table>

【业务分录】

借：短期借款　　800 000

　　贷：银行存款——基本户　　800 000

【其他业务举例】

(1) 借入长期借款时，实际收款金额与合同金额会有差额，做如下会计分录：

借：银行存款

长期借款——利息调整

贷：长期借款——本金

(2) 资产负债表日，应按长期借款的摊余成本、以实际利率计算确定的长期借款利息费用、借款本金与合同利率计算确定的应付未付利息及差额，做如下会计分录：

借：在建工程/财务费用/制造费用等

贷：应付利息

长期借款——利息调整

(3) 企业归还长期借款，按归还本金、借贷双方的差额、转销的利息调整金额与实际归还的金额，做如下会计分录：

借：长期借款——本金

在建工程/财务费用/制造费用等

贷：长期借款——利息调整

银行存款

(七) 业务：购买银行支票

【业务内容】

2 月 20 日，购买现金支票一本，银行账户支付工本费及手续费计 20 元。

【操作流程】

(1) 需要到银行柜台索取“重要空白凭证领用单”填写购买的票据种类，购买单位名称、账号等信息，加盖预留银行印鉴，交银行柜台办理。注意应填写购买对应的账户，支票使用时就是由此账户进行付款。

(2) 支票购买前需先将之前购买支票中的作废票据整理好，带至银行以便银行进行销号（部分银行有此要求）。

(3) 如在银行留有指定购买人信息，还需要由指定的购买人携带身份证去办理。

(4) 通常一本支票有 25 张，有连续的票据号，取得支票后用数字号码印在每张支票“出票人账号”处盖付款银行账号，在“付款行名称”处盖出票银行名称印章，印章可向银行柜员索取，有的银行会帮购买单位盖好。加密支票需设定密码。

(5) 购买支票时银行会收取工本费与手续费，一般采取从账户中扣费的方式，并提供收费凭证回单时，（见表 4-33）可依据此单入账。

【原始凭证】

表 4-33　　**××银行收费凭证**

20×3 年 2 月 20 日　　序号：

付款人户名	L 市景雨有限公司				
付款人账号	37000000××1111	开户行名称	中国××银行 A 区××支行		
业务种类	小额				
收款项目	收费基数	费率	交易量	交易金额	收费金额
J1 出售支票工本费				5.00	5.00
J3 出售现金支票手续费				15.00	15.00
金额（大写）	贰拾元整		（小写）￥20.00		
日期：20×3 年 02 月 20 日	日志号：310××2		交易码：3850	币种：人民币	
金额：￥20.00	终端号：		主管：	柜员：	

第二联　客户回单

制票：　　复核：

【业务分录】

借：财务费用——手续费　　20

　贷：银行存款——基本户　　20

温馨提醒

(1) 只有银行基本账户方可支取现金，故只有基本账户可以购买现金支票；转账支票不受此限制，各结算账户都可以购买。

(2) 空白支票需小心保管，不可在空白支票上预先盖银行预留印鉴，空白支票与银行预留印鉴应分开保管及存放。

(八) 业务：托收承付业务处理

【业务内容】

2 月 21 日，采用托收承付式购买顺鑫公司商品 18 000 元（含税价，税率为 17%），收到银行转来的托收款凭证第五联及有关单证。

【操作流程】

(1) 对业务情况进行追踪，提前做好资金准备，保证付款日有足够的资金进行付款，如付款账户资金不足应提前从其他账户中进行转款。

(2) 收到付款账户开户银行传递来的付款通知和有关附件，需认真进行审核。

审查的内容主要包括三项：

①托收承付凭证是否应由本公司受理；

②凭证内容和所附的有关单证填写是否齐全正确；

③托收承付金额和实际应付金额是否一致，承付期限是否到期。

（3）审查无误后，应在规定的付款期内（付款期为 3 天，付款期内遇节假日顺延）付款，如在付款期内未向银行提出异议，银行视作同意付款，并在付款期满的次日（节假日顺延）上午银行开始营业时，将款项主动划给收款人。由于业务需要，在付款期内，也可通知银行提前付款，立即办理划款。然后根据银行转来的委托收款凭证第五联及有关单证，编制记账凭证。

【原始凭证】

略

【业务分录】

借：材料采购　　15 384.61

　　应交税费——应交增值税（进项税额）　　2 615.39

　贷：银行存款——结算户　　18 000

第五章　其他票据业务处理

一、托收承付处理——多付款情况

【业务内容】

采用托收承付结算方式从A供货商处购买产品，托收承付结算凭证注明托收金额40 000元，因业务需要补充购买该产品10 000元，补付货款。

【操作流程】

（1）在审查付款通知和有关单证，发现有明显的计算错误或因业务需要再向供货商购买产品预付货款时，即应多付款项时，可填制一式四联“多付款理由书”（可以“拒绝付款理由书”替代），在付款期满前交开户银行将多付款项一并划给收款单位。

（2）银行审查同意后，将多付款项连同托收金额划转给收款单位，同时将第一联多付款理由书加盖“转讫”章后作支款通知交给付款单位。付款单位依据托收承付结算凭证第五联和有关单证编制记账凭证。

（3）同时根据托收承付结算凭证第五联和银行盖章退回的“多付款理由书”第一联编制付款记账凭证。

【原始凭证】

略

【业务分录】

借：材料采购　　34 188.03

　　应交税费——应交增值税（进项税额）　　5 811.97

　贷：银行存款　　40 000

借：预付账款——A供货商　　10 000

　贷：银行存款　　10 000

收到A供货商的发票账单等凭证时，由会计人员作如下会计分录：

借：材料采购　　8 547.01

　　应交税费——应交增值税（进项税额）　　1 452.99

　贷：预付账款——A供货商　　10 000

二、托收承付处理——拒付款情况

【业务内容】

收到开户银行转来A供货商的托收承付结算凭证及有关单证后，经过审查只需承付其中的100 000元，对其余80 000元办理拒绝付款。

【操作流程】

（1）接到库管人员反馈，收到的A供货商发来的产品品种、规格、质量等与双方签订的合同不符，对收款单位委托收取的款项需要全部或部分拒绝付款，在接到相关通知并进行单证审核后，确认需要进行拒付，应在付款期内出具“委托收款结算全部或都分拒绝付款理由书”（以下简称“拒绝付款理由书”），连同开户银行转来的有关单证送开户银行。

（2）拒绝付款理由书一式四联，各联用途如下：

第一联（回单或支款通知）作付款单位的支款通知；

第二联（支款凭证）作银行付出传票或存查；

第三联（收款凭证）作银行收入传票或存查；

第四联（代通知或收账通知）作收款单位收账通知或全部拒付通知书。

拒绝付款理由书格式见表 5-1。

（3）填写要求如下：填写“拒绝付款理由书”时，除认真填写收款单位的名称、账号、开户银行，付款单位的名称、账号、开户银行，委托收款金额，附寄单证张数等外，对于全部拒付的，“拒付金额”栏填写委托收款金额，“部分付款金额”栏的大小写都为零，并具体说明全部拒绝付款的理由；若部分拒付的，“拒付金额”栏填写实际拒绝付款金额，“部分付款金额”栏填写委托收款金额减去拒绝付款金额后的余额，即付款单位实际支付的款项金额，具体说明部分拒付的理由，并出具拒绝付款部分商品清单。填完后，在“付款人盖章”处加盖银行预留印鉴，并注明拒付日期。

（4）按规定填写“拒绝付款理由书”并送银行办理有关手续后，根据银行盖章退回的“拒绝付款理由书”第一联编制银行存款付款凭证。

【原始凭证】

表 5-1

托收承付
委托收款　结算　全部
部分　**拒绝付款理由书　1**　　付款通知

拒付日期 20×3 年 2 月 24 日　　　原托收号码：×××

<table>
<tr><td rowspan="3">收款人</td><td>全称</td><td colspan="3">略</td><td rowspan="3">付款人</td><td>全称</td><td colspan="10">略</td></tr>
<tr><td>账号</td><td colspan="3">略</td><td>账号</td><td colspan="10">略</td></tr>
<tr><td>开户银行</td><td>L 市××银行××支行</td><td>行号</td><td>×××</td><td>开户银行</td><td colspan="3">M 市××银行××支行</td><td colspan="3">行号</td><td colspan="4">×××</td></tr>
<tr><td rowspan="2">委托金额</td><td colspan="2" rowspan="2">¥180 000</td><td rowspan="2">拒付金额</td><td colspan="2" rowspan="2">¥80 000</td><td rowspan="2">部分承付金额</td><td>千</td><td>百</td><td>十</td><td>万</td><td>千</td><td>百</td><td>十</td><td>元</td><td>角</td><td>分</td></tr>
<tr><td></td><td>¥</td><td>1</td><td>0</td><td>0</td><td>0</td><td>0</td><td>0</td><td>0</td><td>0</td></tr>
<tr><td colspan="2">附寄证件张数或册数</td><td>5 张</td><td>部分承付金额大写</td><td colspan="13">壹拾万元整</td></tr>
<tr><td colspan="6">拒付理由：质量未达合同要求（填写具体原因）
（付款单位签单）</td><td colspan="11"></td></tr>
</table>

单位主管：　　　会计：　　　复核：　　　记账：

【业务分录】

借：材料采购　　85 470.09

　　应交税费——应交增值税（进项税额）　　14 529.91

　　贷：银行存款　　100 000

温馨提醒

(1) 银行对收到的付款单位的拒绝付款理由书连同委托收款凭证第五联及所附有关单证，不审查拒绝付款理由，只对有关内容进行核对，核对无误即办理有关手续，实行部分拒付，将部分付款款项划给收款单位，在拒绝付款理由书第一联上加盖业务专用章退还给付款单位，并将拒绝付款理由书第四联寄给收款单位开户银行由其转交给收款单位。

(2) 企业收到银行盖章退回的拒绝付款理由书第一联后，对于全部拒绝付款的情况，由于未引起资金增减变动，因而不必编制会计凭证和登记账簿，只需将拒绝付款理由书妥善保管以备查。对于部分拒绝付款的，应当根据银行盖章退回的拒绝付款理由书第一联，按照实际支付的部分付款金额编制银行存款付款凭证，其会计分录和全部付款会计分录相同。

(3) 付款人在承付期内，有正当理由，可向银行提出全部或部分拒绝付款。依照《支付结算办法》规定，该理由包括：

①未签订购销合同或合同中未定明异地托收承付结算方式的款项。

②双方事先达成协议，收款人提前交货或因逾期交货付款人不再需要该项货物的款项。

③未按合同规定的到货地址发货的款项。

④代销、寄销、赊销商品的款项。

⑤验单付款，发现所列货物的品种、规格、数量、价格与合同规定不符，或货物已到，经查验货物与合同规定或发货清单不符的款项。

⑥验货付款，经查验货物与合同规定或与发货清单不符的款项。

⑦货款已经支付或计算有错误的款项。

不属于上述情况的，付款人不得向银行提出拒绝付款。

(4) 在处理拒绝付款问题时，应注意如下情况：

①对外贸部门托收进口商品的款项，在承付期内，订货部门除因商品的质量问题外不能提出拒绝付款，应当另行向外贸部门提出索赔，如果属前文所述拒付款理由情形的，可以向银行提出全部或部分拒绝付款。

②对以上情况提出拒绝付款时，必须填写拒绝付款理由书，并加盖单位公章，注明拒绝付款理由，涉及合同的应引证合同上的有关条款。属于商品质量问题的，需要提供商品检验部门的检验证明；属于商品数量问题的，需要提供相关证明和有

关数量的记录；属于外贸部门进口商品的，应当提供国家商品检验或运输等部门出具的证明，一并送交开户银行。

三、托收承付处理——无款可付

（1）在付款期满日营业终了之前，发现银行账户内存款不足以支付款项或确认无款支付时，银行会于次日上午开始营业时填制一式四联的无款支付通知书给付款单位。接到银行发出的通知，付款单位应在次日起 2 日内（到期日遇节假日顺延，邮寄的加邮程）将委托收款凭证第五联及所附的有关单证全部退还开户银行。如果已将有关单证作账务处理或部分付款的，应填制“应付款项证明单”送交开户银行。应付款项证明单一式两联，第一联收款单位作为应收款项的凭据，第二联由付款单位留存作应付款项的凭据。应付款项证明单见表 5-2。

表 5-2　　应付款项证明单　1

20×3 年 2 月 24 日　　第 01 号

付款人名称	略	收款人名称	略
单证编号	×××	单证名称	托收款凭证
单证日期	2 月 21 日	单证内容	托收款凭证、发票
单证未退回原因：已入账。	我单位应付款项：180 000 元 人民币（大写）壹拾捌万元整		付款人盖章

注：此单一式两联。第一联通过银行转交收款人作为应收款项的凭据，第二联付款人留存作为应付款项的凭据。

（2）填写应付款项证明单时，要认真逐项填写收款人名称、付款人名称、单证名称、单证编号、单证日期、单证内容等项目内容，并在“单证未退回原因”栏内注明单证未退回的具体原因，如单证已作账务处理或已经部分付款等，同时在“我单位应付款项”栏以大写注明应付给收款单位的款项金额，如确实无款支付则应付金额等于委托收款金额，如已部分付款则应付金额等于委托收款金额减去已付款项金额之余额，并在“付款人盖章”处加盖银行预留印鉴，送交银行。银行审查无误后，将委托收款凭证连同有关单证或应付款项证明单退回收款单位开户银行转交给收款单位。如果无款支付而所购货物已经收到，则由会计人员编制如下会计分录：

借：材料采购等

　　贷：应付账款——××单位

如果银行账户内存款不足但已支付部分款项，则应按照已付款金额由出纳编制付款凭证，其会计分录为：

借：材料采购等

　　贷：银行存款

同时按未付款金额由会计人员编制记账凭证，其会计分录为：

借：材料采购等

　　贷：应付账款——××单位

（3）逾期付款的相关事项。付款人在承付期满日银行营业终了时，如无足够资金支付，其不足部分即为逾期未付款项，按照规定，逾期不退回单证或应付款项证明单的，按逾期付款处理。

①付款人开户银行对付款人逾期支付的款项，应当根据逾期付款金额和逾期天数，按每天万分之五但不低于 5 元的标准，计算逾期罚款。对无理拒绝付款而增加银行审查时间的，应从承付期满日起，计算逾期付款赔偿金。

②逾期付款天数从承付期满日算起。承付期满日银行营业终了时，付款人如无足够资金支付，其不足部分，应当算作逾期 1 天，计算 1 天的赔偿金。在承付期满的次日（遇法定节假日，计算逾期付款赔偿金的天数相应顺延，但以后遇法定节假日应当照算逾期天数）银行营业终了时，仍无足够资金支付，其不足部分，应当算作逾期 2 天，计算 2 天的赔偿金。依此类推。

③赔偿金实行定期扣付，每月计算一次，于次月 3 日内单独划给收款人。当月有部分付款的，其赔偿金随同部分支付的款项划给收款人，对尚未支付的款项，月终再计算赔偿金，于次月 3 日内划给收款人；次月又有部分付款时，从当月 1 日起计算赔偿金，随同部分支付的款项划给收款人，对尚未支付的款项，从当月 1 日起至月终再计算赔偿金，于第 3 月 3 日内划给收款人。第 3 月仍有部分付款的，按照上述办法计扣赔偿金。

④赔偿金的扣付在银行列为企业销货收入扣款顺序的首位，如付款人账户余额不足全额支付时，应排列在工资之前，并对该账户采取“只收不付”的控制办法，待一次足额扣付赔偿金后，才准予办理其他款项的支付。

⑤开户银行会随时掌握付款账户逾期未付的资金情况，当账户有款时，银行会将逾期未付款项和应付的赔偿金划付给收款人。

⑥开户银行对不执行合同规定，三次拖欠货款的付款人，会通知收款人开户银行转告收款人，停止对该付款人办理托收。如果收款人不听劝告，继续对该付款人办理托收，付款人开户银行对发出通知的次日起 1 个月之后收到的托收凭证，可以拒绝受理，注明理由，原件退回。

⑦开户银行对逾期未付的托收凭证负责进行扣款的期限为 3 个月（从承付期满日算起）。在此期限内，银行必须按照扣款顺序陆续扣款。

（4）产生罚款时，依据银行扣款单编制凭证，会计分录如下：

借：营业外支出

　　贷：银行存款

四、其他票据业务处理——银行承兑汇票的申办

办理银行承兑汇票必须以商品交易为基础，禁止办理无真实商品交易的银行承兑汇票。办理银行承兑汇票最长期限一般不超过 6 个月。

1. 申请办理银行承兑汇票的条件。申请办理银行承兑汇票的客户应当是依法成立的企业法人和其他经济组织，并符合以下条件：

（1）在承兑银行开立存款账户并依法从事经营活动的法人或其他组织；

（2）具有支付汇票金额的可靠资金来源；

（3）近两年在申办行无不良贷款、欠息及其他不良信用记录。

2. 申请办理银行承兑汇票时，应向申办行提交下列资料：

（1）银行承兑汇票承兑申请书，主要包括汇票金额、期限和用途以及承兑申请人承诺汇票到期无条件兑付票款等内容；

（2）营业执照或法人执照复印件、法定代表人身份证明；

（3）上年度和当期的资产负债表、利润表和现金流量表；

（4）商品交易合同或增值税发票原件及复印件；

（5）按规定需要提供担保的，提交保证人有关资料（包括营业执照或法人执照复印件，当期资产负债表、利润表和现金流量表）或抵（质）押物的有关资料（包括权属证明、评估报告等）；

（6）银行要求提供的其他资料。

3. 在办理银行承兑汇票业务时，经办行会按照客户信用等级收取一定数额的保证金。保证金数额为所申请汇票金额的 10%～100%不等。具体依据银行评定为准。

4. 银行承兑汇票业务流程图见图 5-1。

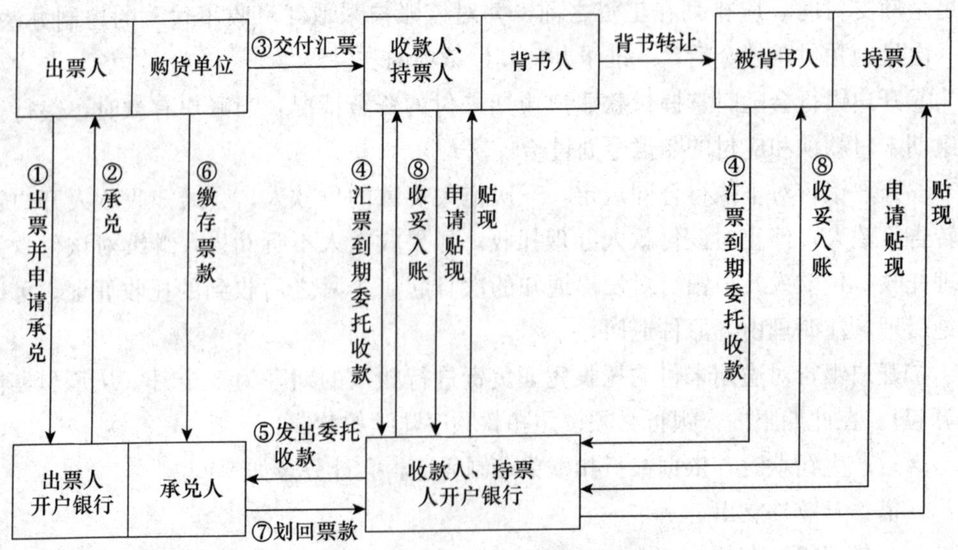

图 5-1 银行承兑汇票业务流程图

【业务内容】

2月1日，公司申请办理一张面额20万元期限6个月的银行承兑汇票，银行要求存入汇票票面金额10%的保证金20 000元，并收取50元的手续费用；2月15日以该票据支付货款20万元。6月30日汇票到期付款，并收回保证金。

【业务分录】

(1) 汇票申办时，支付保证金。

借：其他货币资金——银行承兑汇票保证金　　20 000
　贷：银行存款　　20 000

(2) 汇票申办时，支付手续费。

借：财务费用——手续费　　50
　贷：银行存款　　50

(3) 取得汇票支付货款。

借：应付账款/预付账款——××公司　　200 000
　贷：应付票据——银行承兑汇票　　200 000

(4) 承兑汇票到期支付汇票款项并收回保证金及保证金利息200元。

借：应付票据——银行承兑汇票　　200 000
　贷：银行存款　　200 000

借：银行存款　　20 200
　贷：其他货币资金——银行承兑汇票保证金　　20 000
　　　财务费用——利息收入　　200

温馨提醒

一般保证金是按定期利率计息。如果银行承兑汇票期限是6个月，则按半年期利率计算；如果银行承兑汇票期限是3～6个月之间，则按3个月的利率计算；如果银行承兑汇票期限在3个月之内，则按活期利率计算。

五、其他票据业务处理——收到银行承兑汇票

1. 收到汇票后，首先应对其完整性进行检查，因为银行承兑汇票是到期无条件支付的票据，对票据本身的要求很高，如填写是否规范，内容是否正确，有无涂改，汇票专用章以及企业的财务章、法人章是否正确，背书是否连续等，任何一点瑕疵都会影响承兑。

2. 印鉴要清晰，除背书要盖印鉴章外，粘接处也要加盖骑缝章。如果出现印章不清楚状况时，可要求相应的企业出具证明。粘单是背书转让过程中经常遇到而又最容易产生分歧之处，应使用由人民银行统一印制的粘单，不可使用自制单。

3. 注意承兑期，因为承兑期是一种利益衡量，不同的到期日，其价值是不一样的，要仔细计算其现值。

4. 如公司计划收到票据后进行贴现，则需考虑贴现率。各银行对贴现率的自主权较大，可以根据汇票金额的大小、承兑银行、承兑期长短确定。日常工作中可多与银行联系了解各行情况。

5. 登记应收票据备查簿，日常应关注票据到期时间及时办理托收手续。最好在汇票到期日前一星期左右，向开户银行提示票据付款，经审查合格后办理委托收款，以尽量保证汇票到期后款项及时入账。

6. 有以下情况的银行承兑汇票，不建议收取：

(1) 背书人的签章不清晰；

(2) 盖在汇票与粘贴单连接处的骑缝章不清晰；

(3) 盖在汇票与粘贴单连接处的骑缝章位置错误，正确的位置是盖章时连接处的缝应该穿过骑缝章的中心；

(4) 骑缝章与前面背书人签章有重叠；

(5) 背书人的签章盖在背书栏外；

(6) 被背书人名称书写有误或有涂改，或是未写在被背书人栏中；

(7) 背书不连续，如背书人的签章与前道被背书人的名字或签章不一致；

(8) 汇票票面有严重污渍，导致票面字迹、签章无法清晰辨别；

(9) 汇票票面有破损或撕裂；

(10) 汇票票面字迹不够清楚，或有涂改；

(11) 汇票票面项目填写不齐全；

(12) 汇票票面金额大小不一致；

(13) 出票日期和票据到期日没大写，或不规范；

(14) 承兑期限超过 6 个月；

(15) 出票人的签章与出票人名称不一致；

(16) 汇票收款人与第一背书人签章不一致；

(17) 粘贴单不是银行统一格式；

(18) 连续背书转让时，日期填写不符合前后逻辑关系，如后道背书日期比前道早。

上述 (1)～(9) 项为较常见情况，(10)～(18) 项较为少见。不可收取的银行承兑汇票的特征不止上述 18 种，这里不详尽列举，实际收票过程中要仔细识别。

六、其他票据业务处理——银行承兑汇票背书转让常见错误及应对方式

1. 背书不连续。背书不连续是银行承兑汇票最常见的错误。

(1) 常见的背书不连续情况有三种：

①名称与印鉴完全不符。背书的前手和后手的签章没有任何相同之处。例如，

甲公司转让给乙公司，而在后手签章处却盖了丙公司的印鉴，乙公司与丙公司明显不是同一公司。

②背书名称与印鉴部分不符。背书的前手与后手的签章缺字或多字或印鉴不清。例如，甲公司转让给××有限公司，而印鉴却显示为××股份有限公司，印鉴多“股份”二字。

③甲公司转让给乙公司，甲公司的印鉴盖的不清晰，致使无法辨认。这样，连续性无法确认，影响了后手收票人的解付。

④背书骑缝章盖得不规范或不盖骑缝章。

（2）处理方法。

《票据法》第三十三条规定以背书转让的票据，背书应当连续。持票人以背书的连续，证明其票据权利。非经背书转让，而以其他合法方式取得票据的，依法举证，证明其票据权利。当名称与印鉴完全不符时，可通过法律形式证明其合法性，以此来保证其连续性，承兑银行也应解付。

例如，甲企业背书给乙公司，但后手盖的却是丙公司的印鉴，背书明显不连续。在票据背书转让过程中乙公司在转让给丙公司时，在原本应盖乙公司印章的地方没有盖章，丙公司经办人员对承兑汇票的背书也不了解，故出现了以上错误。甲、乙、丙三家公司应分别出具书面证明，甲公司证明背书给了乙公司，乙公司证明背书给了丙公司。这样，通过依法举证，证明丙公司的票据权利，承兑行应在证据充足的情况下，给予解付。其他背书错误，依此类推。如果不能满足以上证明，可依法行使追索权，要求更换承兑汇票或退票。

2. 委托收款错误。

（1）常见的委托收款错误有如下三种：

①多处委托收款。表现为银行承兑汇票的几手背书中，有两处以上的背书都注有“委托收款”字样。只有最后手的收票人，委托收款时才可标注此字样。

②委托收款行与结算凭证的委托收款行不符。具体表现为银行承兑汇票的委托行为“农行××支行”，而结算凭证上却盖着“工行××支行”的结算章。

③委托收款凭证填写不正确。具体表现为付款人名称填写不正确，收款人与开户行填写不规范。

（2）处理方法。

出现委托收款行与结算凭证上填写的委托收款行不符合委托收款凭证填写不正确等结算凭证错误时，可说明情况，重新填写正确的凭证，承兑行应该给予解付。但因不懂银行承兑汇票背书填写规范而造成多处委托收款背书时，则应逐个要求其合法取得承兑汇票背书的前手证明背书的连续性，以此依法举证，承兑银行也应给予解付。

3. 背书转让给个人。

（1）《支付结算办法》规定在银行开立存款账户的法人以及其他组织之间，必须具有真实的交易关系或债权债务关系，才能使用商业汇票。以上条款从法律上规定了银行承兑汇票不能转让给个人。

（2）处理方式。

由于银行承兑汇票不允许背书转让给个人，当银行承兑汇票出现一处背书为个人时，有如下两种解决方法：

①方法一：持票人可行使追索权，退还给前手。依此类推，直至追索到出票人，要求其更换票据或退票。

②方法二：个人的前手与个人后手达成协议，通过书面证明的形式证明背书无效，然后，由个人前手的单位委托银行收款。

七、其他票据业务处理——银行承兑汇票贴现

银行承兑汇票贴现，是指银行承兑汇票的贴现申请人由于资金需要，将未到期的银行承兑汇票转让给银行，银行按票面金额扣除贴现利息后，将余额付给持票人的一种融资行为。

1. 贴现申请人应具备的条件：

（1）依法登记注册并有效的企业法人或其他经济组织，并依法从事经营活动；持有中国人民银行核发的“贷款卡”。

（2）与出票人或前手之间具有真实合法的商品交易关系并提供相关证明材料。

（3）在开户行开立结算账户。

（4）非银行承兑汇票的出票人。

（5）满足开户行要求的其他条件。

2. 申请人需要提供的资料：

（1）通过年审的营业执照、经营许可证、企业代码证、法定代表人资格证明及本人身份证、护照原件及复印件；申请人章程、验资报告、税务登记证。

（2）经中国人民银行年审合格的贷款卡原件。

（3）申请人与其前手之间的商品交易合同、增值税发票等资料的原件及复印件。

（4）开户行要求的其他资料。

3. 申请商业承兑汇票贴现。

（1）将未到期的商业汇票交给银行，向银行申请贴现，需填制一式五联贴现凭证。应根据汇票的内容逐项填写贴现凭证的有关内容，如贴现申请人的名称、账号、开户银行，贴现汇票的种类、发票日、到期日和汇票号码，汇票承兑人的名称、账号和开户银行，汇票金额的大、小写等。填写说明如下：

①贴现申请人：汇票持有单位本身；

②贴现汇票种类：选择种类——银行承兑汇票、商业承兑汇票；

③汇票承兑人：银行承兑汇票为承兑银行，即付款单位开户银行，商业承兑汇

票为付款单位自身；

④汇票金额（即贴现金额）：汇票本身的票面金额。

（2）一式五联贴现凭证的各联次用途如下：

第一联（代申请书）交银行作贴现付出传票；

第二联（收入凭证）交银行作贴现申请单位账户收入传票；

第三联（收入凭证）交银行作贴现利息收入传票；

第四联（收账通知）银行给贴现申请单位的收账通知；

第五联（到期卡）交会计部门按到期日先后进行保管，到期日作贴现收入凭证。贴现凭证格式见表 5-3。

表 5-3

贴现凭证（申请书） 1

申请日期　　年　　月　　日　　　　第　　号

<table>
<tr><td rowspan="3">贴现汇票</td><td>种类</td><td></td><td>号码</td><td></td><td rowspan="3">持票人</td><td>名称</td><td colspan="2"></td></tr>
<tr><td>出票日</td><td colspan="3">年　月　日</td><td>账号</td><td colspan="2"></td></tr>
<tr><td>到期日</td><td colspan="3">年　月　日</td><td>开户银行</td><td colspan="2"></td></tr>
<tr><td colspan="2">汇票承兑人（或银行）</td><td></td><td>账号</td><td></td><td colspan="2">开户银行</td><td></td></tr>
<tr><td colspan="2">汇票金额</td><td colspan="5">人民币（大写）</td><td>亿 千 百 十 万 千 百 十 元 角 分</td></tr>
<tr><td>贴现率</td><td>%</td><td>贴现利息</td><td colspan="2">亿 千 百 十 万 千 百 十 元 角 分</td><td colspan="2">实付贴现金额</td><td>亿 千 百 十 万 千 百 十 元 角 分</td></tr>
<tr><td colspan="3">附送承兑汇票申请贴现，请审核。

持票人签章</td><td>银行审批</td><td colspan="2">负责人：

信贷员：</td><td colspan="2">科目（借）
对方科目（贷）

复核：　记账：</td></tr>
</table>

此联银行作贴现借方凭证

（3）填完贴现凭证后，在第一联贴现凭证“申请人盖章”处和商业汇票第二联、第三联背后加盖预留银行印鉴，然后一并送交开户银行信贷部门。

（4）商业汇票的贴现凭证第二联、第三联纸质不一样（厚度差异，背书时需注意），开户银行审查无误后，在贴现凭证“银行审批”栏签注“同意”字样，并加盖有关人员印章后送银行会计部门。银行会计部门对银行信贷部门审查的内容进行复核，并审查汇票盖印及压印金额是否真实有效。审查无误后，按规定计算并在贴现凭证上填写贴现率、贴现利息和实付贴现金额后，将贴现凭证第四联加盖“转讫”

章后退回可作收账通知，同时银行会将实付贴现金额转入公司对应收款账户。

（5）根据开户银行转回的贴现凭证第四联，按实付贴现金额作银行存款收款账务处理。

（6）票据贴现期限利息计算方法。票据期限的计算因表示方法不同分为两大类：

①按月数表示。根据开出时间的不同又进一步分为两种情况。

第一，票据是月份中间某一天开出，则票据到期日为到期月份相同的一天，不论月份大小。

例： 2月10日开出期限为3个月的票据一张，则到期日为5月10日。

第二，票据是月底开出，则票据到期日为到期月份月底，不论月份大小。

例： 1月31日开出期限为1个月的票据一张，则到期日为2月28日或者2月29日。

②按日表示，即到期日是唯一的。计算时遵循"算头不算尾，算尾不算头"的原则。

第一，日期的计算从开出票据的当天算起，到票据天数期满的次日为到期日，但到期日不算在票据期限内。

例： 4月15日开出一张90天到期的票据，计算该票据的到期日。

计算过程如下：

4月份，从出票日15日开始算起，有16天。（30－14＝16）；5月份有31天；6月份有30天，共计77天。

票据期限为90天，90－77＝13，7月份还有13天，因为算了4月15日（头），就不能算到期日（尾），故票据的到期日为7月14日。

第二，票据到期日非工作日，即到期日是双休或者其他法定节假日的，以节假日的次日为期间的最后一天，即如汇票星期六或星期日到期，到期日为下周一；国家法定节假日亦同。如周六或周日为国家法定调休日（即交易日），那到期日应算为当天。

第三，承兑人在异地的，贴现、转贴现和再贴现的期限以及贴现利息的计算应另加3天的划款日期（调整天数加上3天）。

4. 银行贴现相关名词与计算公式。

（1）贴现率：是国家规定的月贴现率。

（2）贴现利息：是指汇票持有人向银行申请贴现面额付给银行的贴现利息。

（3）实付贴现金额：是指汇票金额（即贴现金额）减去应付贴现利息后的净额，即汇票持有人办理贴现后实际得到的款项金额。

（4）按照规定，贴现利息应根据贴现金额、贴现天数（自银行向贴现单位支付贴现票款日起至汇票到期日前一天止的天数）和贴现率计算求得。用公式表示即为：

贴现利息＝贴现金额×贴现天数×日贴现率

日贴现率＝月贴现率÷30

贴现单位实得贴现金额则等于贴现金额减去应付贴现利息，用公式表示为：

实付贴现金额＝贴现金额－应付贴现利息

5．商业承兑汇票到期。汇票到期，由贴现银行通过付款单位开户银行向付款单位办理清算，收回票款。商业承兑汇票贴现到期，有以下几种情况：

（1）如果付款单位可足额支付票款，收款单位应于贴现银行收到票款后将应收票据在备查簿中注销。

（2）当付款单位存款不足，无力支付到期商业承兑汇票时，贴现行将商业承兑汇票退还给贴现单位，并开出特种转账传票，在“转账原因”中注明“未收到××号汇票款，贴现款已从你账户收取”字样，从贴现单位银行账户直接划转已贴现票款。特种转账借方传票格式见表 5-4。

表 5-4

代银行转账传票
代银行支款通知

特种转账借方传票

报单号码

年　月　日

<table>
<tr><td rowspan="3">付款单位</td><td>全称</td><td colspan="3"></td><td rowspan="3">收款单位</td><td>全称</td><td colspan="3"></td></tr>
<tr><td>账号或地址</td><td colspan="3"></td><td>账号或地址</td><td colspan="3"></td></tr>
<tr><td>开户银行</td><td></td><td>行号</td><td></td><td>开户银行</td><td></td><td>行号</td><td></td></tr>
<tr><td colspan="2">金额</td><td colspan="5">人民币（大写）</td><td colspan="3">亿 千 百 十 万 千 百 十 元 角 分</td></tr>
<tr><td colspan="2">原凭证金额</td><td></td><td>罚款赔偿金额</td><td></td><td colspan="5" rowspan="2">科目：（借）
对方科目：（贷）</td></tr>
<tr><td colspan="2">原凭证名称</td><td></td><td>号码</td><td></td></tr>
<tr><td>转账原因</td><td colspan="4">（银行盖章）</td><td colspan="5">会计　复核　记账　制票</td></tr>
</table>

附件　张

（3）贴现单位收到银行退回的商业承兑汇票和特种转账传票时，凭特种转账传票编制银行存款付款凭证。同时立即向付款单位追索票款。涉及业务的会计分录如下：

贴现时：

借：银行存款

　　财务费用——利息

　　　　　　——手续费

　贷：应收票据

接到特种转账传票，银行扣款时：

借：应收账款——××

贷：银行存款

收回原汇票货款金额时：

借：银行存款

贷：应收账款——××

第六章　登记账簿与月结

一、出纳日常工作流程

（一）日常业务事项

（1）依据审核无误的单据进行收付款操作。

（2）现金款项的收付及单据处理。

（3）银行存款的收付及单据处理。

（4）重要票据的保管与银行相关票据的办理。

（5）登记各类管理表格、备查簿等事项。

（二）填制记账凭证

1. 每日资金收付、银行结算等业务办理完毕后，根据原始凭证填制记账凭证，要求如下：

（1）记账凭证的日期应为凭证编制日期，而不是业务发生时间。

（2）记账凭证金额栏的空白处应划“/”线注销，以避免被填涂而改变行次内容。

（3）记账凭证上小写的金额合计数前应有人民币符号封口，以免被填涂而改变金额。

（4）凭证填写完毕确认无误，应将对应业务的原始凭证附于其后，并填写附件张数，一般一份报销单算一张，也有按具体附件的票据张数计算附件数的，具体依公司财务制度执行。

（5）以第三章和第四章业务案例编制记账凭证的样本见表6-1、表6-2、表6-3。

表6-1

记账凭证

20×3年2月1日　　　　字第01号

摘要	总账科目	明细科目	记账符号	借方金额									记账符号	贷方金额								
				佰	十	万	千	百	十	元	角	分		佰	十	万	千	百	十	元	角	分
收到门店销售款	库存现金		√			1	1	6	0	0	0	0										
扣赵可销售款短款	其他应收款	赵可	√					1	0	0	0	0										
2月1日门店销售收入	主营业务收入		√													1	0	0	0	0	0	0
2月1日门店销售税费	应交税费	应交增值税/销项税额	√														1	7	0	0	0	0
合　计					¥	1	1	7	0	0	0	0			¥	1	1	7	0	0	0	0

附单据3张

财务主管：石磊　　记账：丹丹　　出纳：朱朱　　审核：丹丹　　制单：朱朱

表 6-2

收款凭证

借方
科目 银行存款　　　　20×3 年 2 月 6 日　　　　字第 4 号

摘要	贷方总账科目	明细科目	记账符号	金额								
				佰	十	万	千	百	十	元	角	分
收到佳佳公司预付货款	预收账款	佳佳有限公司	√			3	0	0	0	0	0	0
					¥	3	0	0	0	0	0	0

附单据 1 张

财务主管：石磊　　记账：丹丹　　出纳：朱朱　　审核：丹丹　　制单：朱朱

表 6-3

付款凭证

贷方
科目 库存现金　　　　20×3 年 2 月 1 日　　　　字第 1 号

摘要	贷方总账科目	明细科目	记账符号	金额								
				佰	十	万	千	百	十	元	角	分
支付叶英差旅借款	其他应收款	叶英	√				1	0	0	0	0	0
合　计						¥	1	0	0	0	0	0

附单据 1 张

财务主管：石磊　　记账：丹丹　　出纳：朱朱　　审核：丹丹　　制单：朱朱

注：

(1) 有的公司出纳不需要填制记账凭证，业务办理完毕，登记现金/银行存款日记账后，只需将收付款的原始单据按日期顺序粘贴整理好，给会计人员签收即可。

(2) 现在不少公司都采取会计电算化用系统做账。因此，接手业务时需要事先学习出纳账务系统。电算化对于会计科目的应用与凭证的格式都是一致的。

(3) 采用通用记账凭证时，同一天的业务应该先编写收款的凭证，后编写付款的凭证。采用收款与付款记账凭证在登记账簿时也应先登记收款凭证再登记付款凭证，否则依据凭证顺序登账时会出现现金/银行存款日记账余额为负的情况。银行存款与库存现金正常情况下是不会出现负数的。

2. 按一定时间周期递交凭证，由会计主管或相应财务人员对记账凭证进行审核。递交时可填写出纳收/付款单据移交表，格式见表 6-4。

表 6-4 **出纳收/付款单据移交表**

（2月1日—2月28日）

20×3年3月1日

项目	收入	付出
库存现金	3 份 14 100 元	4 份 12 374.7 元
银行基本户	4 份 58 581.21 元	6 份 938 051.02 元
银行结算户	3 份 22 786.35.0 元	4 份 580 000.0 元
银行外币户	1 份 4 847 元	1 份 4 847 元
银行临时户	/ 份 / 元	/ 份 / 元
银行 /	/ 份 / 元	/ 份 / 元

出纳：朱朱　　主办会计：丹丹

注：此表只做单据传递数据核对之用。依据现金与银行账户各业务的记账凭证份数统计。

（三）登记账簿

每日业务办理完毕，根据与现金、银行存款收付有关的凭证登记现金日记账、银行存款日记账，登账要求如下：

1. 登记账簿，必须以审核无误的会计凭证为依据。登账完毕，还要在记账凭证上签名或盖章，并打上登账符号“√”，表示已经记账，避免重记、漏记，做到日清月结。

2. 按顺序连续登记。

（1）各种账簿应按页次顺序连续登记，不得跳行、隔页。如果发生跳行、隔页，应当将空行、空页划线注销或者注明“此行空白”、“此页空白”字样，并由记账人员签名或者盖章。这样可以避免有人在空行和空页随意添加记录，对堵塞在账簿登记中可能出现的漏洞，是十分必要的防范措施。

（2）日记账每一账页登记完毕结转下页时，应当结出本月开始至本页末止的发生额及余额，写在本页最后一行和下页第一行有关栏内，并在摘要栏内注明“过次页”和“承前页”字样；也可以将本页合计数及金额只写在下页第一行有关栏内，并在摘要栏内注明“承前页”字样。

3. 逐笔、序时登记日记账，做到日清月结、账款相符

（1）在登账的科目后标明记账符号“√”，如表 6-5 所示。

（2）在记账人处签章。

（3）日记账中的日期、摘要均为记账凭证中的日期、摘要。具体格式见表 6-6 和表 6-7。

（4）结出余额。公式为：上日余额＋本日收入－本日支出＝本日余额。

表 6-5

记账凭证

20×3 年 2 月 1 日　　　　字第 01 号

摘要	总账科目	明细科目	记账符号	借方金额									记账符号	贷方金额								
				佰	十	万	千	百	十	元	角	分		佰	十	万	千	百	十	元	角	分
收到门店销售款	库存现金		√			1	1	6	0	0	0	0										
扣赵可销售款短款	其他应收款	赵可	√					1	0	0	0	0										
2月1号门店销售收入	主营业务收入		√													1	0	0	0	0	0	0
2月1号门店销售税费	应交税费	应交增值税/销项税额	√														1	7	0	0	0	0
合　计					¥	1	1	7	0	0	0	0			¥	1	1	7	0	0	0	0

附单据 3 张

财务主管：石磊　　记账：朱朱　　出纳：朱朱　　审核：丹丹　　制单：朱朱

表 6-6

现金日记账

20×3年		凭证编码			摘要	收入（借方）金额										付出（贷方）金额										借或贷	结存金额									
月	日	字	号	支票号		千	百	十	万	千	百	十	元	角	分	千	百	十	万	千	百	十	元	角	分		千	百	十	万	千	百	十	元	角	分
					承前页				1	0	0	0	0	0	0				1	0	0	0	0	0	0	借					1	0	0	0	0	0
1	31	收	23		收回退还的差旅借款					1	0	1	7	0	0											借					2	0	1	7	0	0
					本月合计				1	1	0	1	7	0	0				1	0	0	0	0	0	0	借					2	0	1	7	0	0
					本月累计				2	1	0	1	7	0	0				2	0	0	0	0	0	0	借	非非				2	0	1	7	0	0
2	1	收	01		收到门店销售款				1	1	6	0	0	0	0											借				1	3	6	1	7	0	0
2	1	收	02		提备用金					8	0	0	0	0	0											借				2	1	6	1	7	0	0
2	5	付	01		支付叶英差旅费借款															1	0	0	0	0	0	贷				2	0	6	1	7	0	0
					过次页				1	9	6	0	0	0	0					1	0	0	0	0	0	借				2	0	6	1	7	0	0

表 6-7：外币银行存款日记账

银行存款日记账

存款种类：美元　　　　第 1 页

20×3 年		凭证		摘要	对方科目	收入			支出			结存		
月	日	种类	号数			原币	折算汇率	人民币	原币	折算汇率	人民币	原币	折算汇率	人民币
1	1			上年结转								8 000.00	6.10	48 800.00
2	27	收	25	收到 M 公司外币货款	应付账款	4 847.00	6.10	29 578.82				12 847.00		78 378.82
2	28	付	13	结汇					4 847.00	6.11	29 627.29	8 000.00		48 751.53
2	28	付	16	汇兑损益调整			6.3	288.47				8 000.00		49 040.00
				本月合计		4 847.00		29 867.29	4 847.00		29 627.29	8 000.00		49 040.00
				本年累计		4 847.00		29 867.29	4 847.00		29 627.29	8 000.00		49 040.00

（四）错账更正方法

如果发现账簿记录有错误，应按规定的方法进行更正，不得涂改、挖补或用化学试剂消除字迹。错账的更正方法有三种：

1. 划线更正，划线更正又称红线更正。如果发现账簿记录有错误，而其所依据的记账凭证没有错误，即纯属记账时文字或数字的笔误，应采用划线更正的方法进行更正。更正的方法如下：

（1）将错误的文字或数字划一条红色横线注销，但必须使原有字迹仍可辨认，以备查找。

（2）在划线的上方用蓝字将正确的文字或数字填写在同一行的位置，并由更正人员在更正处盖章，以明确责任。如表 6-8 所示。

表 6-8

现金日记账

20×3年		凭证编码			摘要	收入（借方）金额										付出（贷方）金额										借或贷	结存金额									
月	日	字	号	支票号		千	百	十	万	千	百	十	元	角	分	千	百	十	万	千	百	十	元	角	分		千	百	十	万	千	百	十	元	角	分
					承前页				1	0	0	0	0	0	0				1	0	0	0	0	0	0	借					1	0	0	0	0	0
1	31	收	23		收回退还的差旅借款					1	0	1	7	0	0											借					2	0	1	7	0	0
					本月合计				1	1	0	1	7	0	0				1	0	0	0	0	0	0	借					2	0	1	7	0	0
					本月累计				2	1	0	1	7	0	0				2	0	0	0	0	0	0	借		非	非		2	0	1	7	0	0
2	1	收	01		收到门店销售款				1	1	6	0	0	0	0											借				1	3	6	1	7	0	0
2	1	收	02		提备用金					8	0	0	0	0	0											借		朱	朱	2	1 ~~2~~	6 ~~1~~	1 ~~6~~	7 ~~1~~	0 ~~7~~	0 ~~0~~
2	5	付	01		支付叶英差旅费借款															1	0	0	0	0	0	贷				2	0	6	1	7	0	0
					过次页				1	9	6	0	0	0	0					1	0	0	0	0	0	借				2	0	6	1	7	0	0

2. 红字更正，红字更正又称红字冲销。在会计上，以红字记录表明对原记录的冲减。红字更正适用于以下两种情况。

（1）根据记账凭证所记录的内容记账以后，发现记账凭证中的应借、应贷会计科目或记账方向有错误，且记账凭证同账簿记录的金额相吻合，应采用红字更正。更正的方法如下：

① 先用红字填制一张与原错误记账凭证内容完全相同的记账凭证，并据以用红字登记入账，冲销原有错误的账簿记录；

②再用蓝字填制一张正确的记账凭证，并据以用蓝字登记入账。

举例：

①以现金支付银行利息 600 元，在填制记账凭证时误记入“银行存款”科目，并据以登记入账，其错误记账凭证的会计分录为：

借：应付利息 600

贷：银行存款 600

②该项分录应贷记“库存现金”科目。在更正时，应用红字金额编制如下记账凭证进行更正。

借：应付利息 600（红字）

贷：银行存款 600（红字）

③错误的记账凭证以红字记账更正后，表明已全部冲销原有错误记录，然后用蓝字填制如下正确分录，并据以登记入账：

借：应付利息 600

贷：库存现金 600

（2）根据记账凭证所记录的内容记账以后，发现记账凭证中应借、应贷的会计科目和记账方向都没有错误，记账凭证和账簿记录的金额也吻合，只是所记金额大于应记的正确金额，应采用红字更正。更正的方法是将多记的金额用红字填制一张与原错误记账凭证所记载的借贷方向、应借应贷会计科目相同的记账凭证，并据以登记入账，以冲销多记金额，求得正确金额。

举例：

①用现金 2 000 元购买办公用品，在填制记账凭证时，误记金额为 20 000 元，但会计科目、借贷方向均无错误，错误记账凭证所反映的会计分录为：

借：管理费用 20 000

贷：库存现金 20 000

②在更正时，应用红字金额 18 000 元编制如下记账凭证进行更正。

借：管理费用 18 000（红字）

贷：库存现金 18 000（红字）

③错误的记账凭证以红字记账更正后，即可反映其正确金额为 2 000 元。

④如果记账凭证所记录的文字、金额与账簿记录的文字、金额不符，应首先采用划线更正，然后再用红字更正。

3. 补充登记，补充登记又称蓝字补记。根据记账凭证所记录的内容记账以后，发现记账凭证中应借、应贷的会计科目和记账方向都没有错误，记账凭证和账簿记录的金额也吻合，只是所记金额小于应记的正确金额，应采用补充登记法。更正的方法是将少记的金额用蓝字填制一张与原错误记账凭证所记载的借贷方向、应借应贷会计科目相同的记账凭证，并据以登记入账，以补记少记金额，求得正确金额。

举例：

①用银行存款20 000元购买原材料，取得普通发票，在填制记账凭证时，误记金额为2 000元，但会计科目、借贷方向均无错误，其错误记账凭证所反映的会计分录为：

借：原材料　　2 000

　贷：银行存款　　2 000

②在更正时，应用蓝字编制如下记账凭证进行更正：

借：原材料　　18 000

　贷：银行存款　　18 000

③错误的记账凭证以蓝字记账更正后，即可反映其正确的金额为20 000元。

④如果记账凭证中所记录的文字、金额与账簿记录的文字、金额不符，应首先采用划线更正，然后用补充登记更正。

二、结账、对账

（一）每日对账事项

(1) 结账。在每日业务终了时，应结出现金日记账及银行存款日记账的本日余额。在分设“收入日记账”和“支出日记账”的情况下，在每日终了按规定登记入账后，应结出当日收入合计数和当日支出合计数，然后将支出日记账中当日支出合计数记入收入日记账中的当日支出合计栏内，在此基础上再结出当日账面余额。

(2) 对账。每天下班前，盘点库存现金的实有数，与现金日记账的当日余额核对是否相符，如果不符应查找原因并及时做出处理。

（二）月末工作事项

1. 对账。月末将日记账与相关收付业务的记账凭证核对，核对的项目主要是：

(1) 核对凭证：复查记账凭证与原始凭证，看两者是否完全相符；查对账证金额与方向的一致性，如发现错误应立即更正。

(2) 月末将现金日记账、银行存款日记账的余额与现金总账、银行存款总账余额核对。

(3) 月末将银行存款日记账与银行对账单核对，并编制银行存款余额调节表。

(4) 月末对保管的支票、发票、有价证券、重要结算凭证进行清点，按顺序进行登记核对。

2. 结账。现金、银行存款日记账每月结账时，要结出本月发生额和余额，在摘要栏内注明“本月合计”字样，并在下面通栏划单红线。

3. 如果年度终了时，现金、银行存款日记账有余额，要将余额结转下年，并在摘要栏内注明“结转下年”字样；在下一会计年度新建有关会计账户的第一行余额栏内填写上年结转的余额，并在摘要栏注明“上年结转”字样。

三、编制出纳报表

（1）在对账、结账后，根据现金日记账、银行存款日记账、其他货币资金明细账、有价证券明细账等核算资料，编制出纳报告表。

（2）将出纳报告表中的数字同据以编制出纳报告表的账簿中的有关数字进行核对。出纳报告表格式见表 6-9，填写要求见表 6-10。

（3）将出纳报告表送主管处审批。

表 6-9　　出纳报告表

单位名称：L 市景雨有限公司　　2 月 1 日至 2 月 28 日

项目	库存现金	银行存款				有价证券	备注
		基本户	结算户	临时户	外币户		
上期结存	2 017	1 060 000	1 000 000	0	8 000	60 000	
本期收入	22 100	168 223. 5	228 000	200 000	4 847	120 000	
合计	24 117	1 228 223. 5	1 228 000	200 000	12 847	180 000	
本期支出	12 374. 7	938 066. 02	580 136. 5	0	4 847	120 000	
本期结存	11 742. 3	290 157. 48	647 863. 5	200 000	8 000	60 000	

主管：石磊　　记账：丹丹　　出纳：朱朱

表 6-10　　出纳报告表填写要求

项目	具 体 内 容
编制要及时	报告表的报告周期要与本企业总账会计汇总记账的周期相一致，如果本企业总账 10 天汇总一次，则出纳报告表也应 10 天汇总一次；
账表内容必须一致	出纳报告表上的项目内容应当与出纳日记账、有关明细账和备查簿内容相符，保证出纳信息的真实、完整、准确

续表

项目	具体内容
项目填写要求	上期结存。即指报告期前一期的期末结存数、也就是本报告期前一天的账面结存金额。此栏数字，可直接从上一期出纳报告表的“本期结存”栏抄录过来
	本期收入，应对应账簿的本期借方合计数填列
	合计，即“上期结存”＋“本期收入”总和
	本期支出，应对应账簿的本期贷方合计数填列
	本期结存，即指本期期末账面结存数字，本期结存＝“合计”－“本期支出”；应与实际结存数保持一致
报送范围和程序要确定	未经有关领导批准，不得随意泄露出纳报告表的内容。在接受工商、税务、审计等部门的检查时，出纳人员不得隐瞒、篡改出纳报告表的内容

四、装订凭证

每月结账完毕，需要将凭证分类整理装订，因此出纳人员需要协助会计人员装订凭证。装订凭证需做如下操作：

1. 装订前的整理。按收、付、转分类，并按凭证编号的顺序整理，一本凭证厚度约为 3 厘米，太厚不好装订。

2. 会计凭证的装订，具体步骤如下：

（1）填写记账凭证封面。

（2）整理记账凭证。一般将凭证汇总表、银行余额调节表等放在第一本凭证的最前面与凭证一起装订。确认凭证分类、凭证顺序、每本凭证厚度合适后用夹子夹好。

（3）用打孔机在凭证的左上角打孔。孔洞离凭证边缘约 1.5 厘米，可采用两孔式或三孔式，具体见图 6-1。

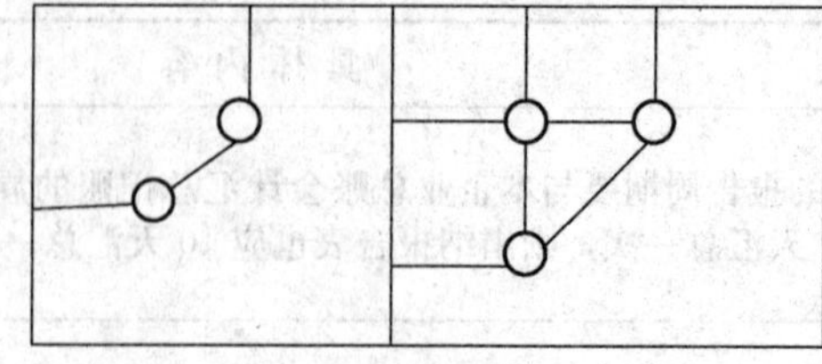

图 6-1

（4）用装订大针引线绳穿过钻好的孔，将凭证缝牢，线绳最好把凭证两端也系上。在凭证的背面打结，然后取下夹子。

（5）将包角纸往后翻，压平，上侧呈 90 度角。

（6）按凭证左上角的大小裁剪包角纸，并用包角纸将线绳遮盖并粘牢。

（7）将装订好的凭证放进凭证盒，并在盒脊上填好相关要素。

以上为出纳工作的常规业务流程，但各公司因业务情况与管理要求不同，工作内容会有所差异，需结合实际情况操作。

第七章　其他出纳涉及业务介绍

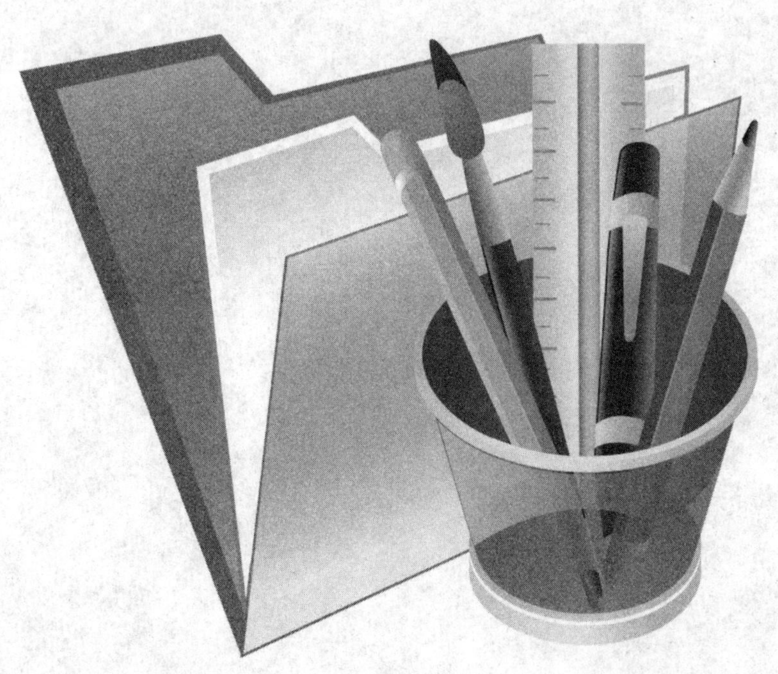

一、贷款办理相关事项

现在各个银行的贷款产品多种多样，国家也有很多优惠政策，也有许多针对不同行业或企业人群，特别是针对小微企业的扶持政策，所以企业在贷款时可多进行了解，并针对企业自身的情况，合理择优制定贷款计划。

（一）贷款办理基本条件

（1）贷款单位必须经国家工商行政管理部门批准设立，登记注册，持有“三证”（营业执照、税务登记证、组织机构代码证），若是企业贷款还需办理企业贷款卡。

（2）实行独立经济核算，自主经营、自负盈亏。即企业有独立从事生产、商品流通和其他经营活动的权利，有独立的经营资金、独立的财务计划与会计报表，依靠本身的收入来补偿支出，独立计划盈亏，独立对外签订购销合同。

（3）有一定的自有资金及可用做抵押的财产或有第三方担保等。

（4）遵守政策法令和银行信贷、结算管理制度，并按规定在银行开立基本账户和一般存款账户。

（5）产品有市场。

（6）生产经营要有效益。

（7）不挤占挪用信贷资金。

（8）资信情况良好。

（二）贷款办理其他条件

（1）有按期还本付息的能力，即原应付贷款本金及利息已偿还，没有偿还的已经做了银行认可的偿还计划。

（2）执照年检手续完备。

（3）资产负债率符合银行的要求。

（4）一般申请贷款的申请文件要求填写两份，加盖公司公章，提供法人的人名章以及法人委托他人全权办理贷款手续的委托书，企业法人的概况等。

（三）申请表填写

填写借款申请表并按照所需提交书面文件的细目准备材料：

（1）法定发证机关办理的年审合格的本企业贷款证。

（2）贷款申请报告。报告载明下列内容：企业的基本情况，包括注册资金、企业性质、隶属关系、办公地点、联系电话、联系人、主营业务及企业介绍；企业法人概况，包括姓名、性别、文化程度、专业职称、曾经从事的职业及职务、有何业绩等；详细写清借款金额、用途、期限、还款途径及担保形式，并附项目可行性报告、购销合同等；企业财务情况，包括货币资金、存货量、负债总额、所有者权益合计、总资产、本期净利润以及最近一年累计利润总额。

（3）财务报表。包括两方面内容：上年度的资产负债表、利润表和现金流量表；本期的资产负债表和利润表。

（4）有关证件、证明（借款人、担保人均须提交）。这些证明包括：营业执照的副本及其复印件；法人身份证及其复印件；如有其他人代替法人签字，还需提交本人身份证复印件及法人授权委托书（授权书需由法人亲笔签字并加盖公章）。

（5）保证贷款需提交的资料：保证单位的营业执照副本及复印件；保证单位的财务报表，包括上年度的资产负债表、利润表和现金流量表，本期的资产负债表和利润表；保证单位同意保证的证明书，需加盖公章。

（6）抵、质押担保贷款需提交的资料：抵押、质押物的详细目录和产权或所有权证明；抵押物和动产质押物价值证明；抵押物和动产质押物经银行指定中介机构出具的评估报告；权利质押物鉴定书；登记机关办理登记的证明文件和证书，等等。

贷款申请表见表 7-1～表 7-5。

表 7-1

小企业（合伙企业）小额担保贷款申请审核表

<table>
<tr><td>企业名称</td><td></td><td>企业类型</td><td></td></tr>
<tr><td>注册资金</td><td></td><td>经营项目</td><td></td></tr>
<tr><td>营业执照编码</td><td></td><td>经营地址</td><td></td></tr>
<tr><td rowspan="4">法定代表人或
合伙人姓名</td><td rowspan="4"></td><td>养老保险账号</td><td></td></tr>
<tr><td>档案所在地</td><td></td></tr>
<tr><td>人员类型</td><td></td></tr>
<tr><td>联系电话</td><td></td></tr>
<tr><td>企业职工人数</td><td></td><td>吸纳符合贷款扶持
对象的人数</td><td></td></tr>
<tr><td>贷款用途</td><td colspan="3"></td></tr>
<tr><td>自有资金</td><td></td><td>申贷金额</td><td></td></tr>
<tr><td colspan="4">区小额贷款担保中心审核意见：
（单位章）
审核人：　　经办人：　　年　月　日</td></tr>
<tr><td colspan="4">银行审核意见：
（单位章）
审核人：　　经办人：　　年　月　日</td></tr>
</table>

表 7-2

企业贷款申请表

<table>
<tr><td colspan="8">申请单位声明</td></tr>
<tr><td colspan="8">以下填报内容及报送的资料属实，如有虚假或隐瞒，产生的任何责任和后果，本单位和法定代表人承担一切法律责任。
法定代表人：　　　　公章</td></tr>
<tr><td colspan="8">申请人基本情况</td></tr>
<tr><td colspan="2">企业全称</td><td colspan="2"></td><td colspan="2">所属行业</td><td colspan="2"></td></tr>
<tr><td colspan="2">注册地址</td><td colspan="2"></td><td colspan="2">办公地址</td><td colspan="2"></td></tr>
<tr><td colspan="2">注册时间</td><td></td><td>注册资本</td><td></td><td>贷款卡</td><td colspan="2"></td></tr>
<tr><td colspan="2">营业执照</td><td></td><td>税务登记</td><td></td><td>组织机构代码证</td><td colspan="2"></td></tr>
<tr><td rowspan="3">法定代表人情况</td><td>姓名</td><td></td><td>性别</td><td>年龄</td><td></td><td>国籍</td><td></td></tr>
<tr><td>证件号码</td><td></td><td>婚姻状况</td><td>学历</td><td></td><td>从业年限</td><td></td></tr>
<tr><td>办公电话</td><td></td><td>手机</td><td></td><td>家庭住址</td><td colspan="2"></td></tr>
<tr><td colspan="2">联系人</td><td></td><td>职务</td><td></td><td>电话</td><td colspan="2"></td></tr>
<tr><td colspan="2">经营范围</td><td colspan="6"></td></tr>
<tr><td>实收资本</td><td></td><td>总资产</td><td>上年销售收入</td><td></td><td>上年销售利润</td><td>上年净利润</td><td></td></tr>
<tr><td rowspan="5">人员结构</td><td>关键人</td><td>姓名</td><td>职务</td><td>任职时间</td><td colspan="3"></td></tr>
<tr><td>企业所有者</td><td></td><td></td><td></td><td colspan="3"></td></tr>
<tr><td>实际控制人</td><td></td><td></td><td></td><td colspan="3"></td></tr>
<tr><td>财务负责人</td><td></td><td></td><td></td><td colspan="3"></td></tr>
<tr><td>员工人数</td><td></td><td>技术人员</td><td></td><td>本科以上</td><td colspan="2"></td></tr>
<tr><td rowspan="4">股东构成</td><td colspan="3">股东名称</td><td>股权比例</td><td>注资方式</td><td>法人代表</td><td>注册资本</td></tr>
<tr><td colspan="3"></td><td></td><td>货币</td><td></td><td></td></tr>
<tr><td colspan="3"></td><td></td><td>货币</td><td></td><td></td></tr>
<tr><td colspan="3"></td><td></td><td></td><td></td><td></td></tr>
<tr><td rowspan="4">银行开户情况</td><td>基本户</td><td>开户银行</td><td colspan="2"></td><td>账号</td><td colspan="2"></td></tr>
<tr><td>结算账户</td><td>开户银行</td><td colspan="2"></td><td>账号</td><td colspan="2"></td></tr>
<tr><td>结算账户</td><td>开户银行</td><td colspan="2"></td><td>账号</td><td colspan="2"></td></tr>
<tr><td>个人结算账户</td><td>开户银行</td><td colspan="2"></td><td>账号</td><td colspan="2"></td></tr>
</table>

表 7-3

申请人征信情况

企业借款情况	借款金额	期限	债权人	利率	到期日	担保方式	余额
个人负债情况							
对外担保情况	担保金额	期限	被担保单位	担保方式		到期日	余额
法律诉讼或仲裁	原告		被告	诉讼或仲裁原因			诉讼金额

表 7-4

申请人经营情况

两点三固定调查情况	资金周转情况	基本账户		结算账户		个人账户		应收应付	
		基本账户银行流水		主要结算银行流水		个人账户银行流水		周转天数	
	存货周转情况	周转天数		原值		账实相符		存货结构	
		变现能力		现值		仓储条件			
	经营者固定住址	权属		位置		居住年限		现值	
		抵押情况		面积					
	固定办公地址	权属		位置		原值		现值	
		占地面积		建筑面积		使用成本		抵押情况	
	固定经营场所	权属		位置		原值		现值	
		占地面积		建筑面积		使用成本		抵押情况	
运营情况核实		对账单		纳税申报表		工资		水电费	
经营情况补充说明：									

表 7-5

申请人拟借款情况

拟借款额度（万元）		拟借款期限（年）	
借款用途：			

（四）企业贷款流程

1. 建立信贷关系

申请建立信贷关系时企业须提交申请书（银行处可获取）通常一式两份。银行在接到企业提交的申请书后，要指派信贷员进行调查。调查内容主要包括：

（1）企业经营的合法性。企业是否具有法人资格必需的有关条件。对具有法人资格的企业应检查营业执照批准的营业范围与实际经营范围是否相符。

（2）企业经营的独立性。企业是否实行独立经济核算，单独计算盈亏，有独立的财务计划、会计报表。

（3）企业及其生产的主要产品是否属于国家产业政策发展序列。

（4）企业经营的效益性。企业会计决算是否准确，符合有关规定；财务成果的现状及趋势。

（5）企业资金使用的合理性。企业流动资金、固定资金是否分口管理；流动资金占用水平及结构是否合理，有无被挤占、挪用。

（6）新建扩建企业。扩大能力部分所需流动资金是否已筹足。如暂时不足，是否已制定在短期内补足的计划。

信贷员对上述情况调查了解后，要写出书面报告，并签署是否建立信贷关系的意见，提交科（股）长、行长（主任）逐级审查批准。经银行相关审批人审批后与企业建立信贷关系，银企双方应签订相关合约。

2. 提出贷款申请

已建立信贷关系的企业，可根据其生产经营过程中合理的流动资金需要，向银行申请流动资金贷款。银行依据国家产业政策、信贷政策及有关制度，并结合上级银行批准的信贷规模计划和信贷资金来源对企业借款申请进行认真审查。

3. 贷款审查

贷款审查的主要内容有：

（1）贷款的直接用途。符合工业企业流动资金贷款支持范围的直接用途有：

①合理进货支付货款；

②承付应付票据；

③经银行批准的预付货款；

④各专项贷款按规定的用途使用；

⑤其他符合规定的用途。

（2）企业近期经营状况。主要包括：物资购、耗、存及产品供、产、销状况，流动资金占用水平及结构状况，信誉状况，经济效益状况等。

（3）企业挖潜计划、流动资金周转加速计划、流动资金补充计划的执行情况。

（4）企业发展前景。主要指企业所属行业的发展前景，企业发展方向，产品结构、寿命周期和新产品开发能力，主要领导人实际工作能力，经营决策水平及开拓、创新能力等。

（5）企业负债能力。主要指企业自有流动资金实有额及流动资产负债状况，一般可用自有流动资金占全部流动资金比例和企业流动资产负债率两项指标分析。

4. 签订借款合同

借款合同是贷款人将一定数量的货币交付给借款人按约定的用途使用，借款人到期还本付息的协议，是一种经济合同。借款合同有自己的特征，合同标的是货币，贷款方一般是银行或其他金融组织，贷款利息由国家规定，当事人不能随意商定。当事人双方依法就借款合同的主要条款经过协商，达成协议。由借款方提出申请，经贷款方审查认可后，即可签订借款合同。借款合同应具备下列条款：借款种类；借款用途；借款金额；借款利率；借款期限；还款资金来源及还款方式；保证条款；违约责任；当事人双方商定的其他条款。借款合同必须由当事人双方的代表或凭法定代表授权证明的经办人签章，并加盖公章。

5. 发放贷款

企业申请贷款经审查批准后，应由银企双方根据贷款种类签订相关种类的借款合同。合同要点：

（1）签订合同时应注意项目填写准确，文字清楚工整，不能涂改。

（2）借、贷、保三方公章及法人代表签章齐全无误。

（3）借款方立借据。借款借据是书面借款凭证，可与借款合同同时签订，也可在合同规定的额度和有效时间内，一次或分次订立。

（4）银行经办人员应认真审查核对借款申请书的各项内容是否无误，是否与借款合同相符。

（5）借款申请书审查无误后，填制放款通知单，由信贷员、科（股）长“两签”或行长（主任）“三签”，送银行会计部门办理贷款拨入借款方账户的手续。

（6）借款申请书及放款通知单经会计部门入账后，最后一联返回信贷部门作为登记贷款台账凭证。

（7）一般情况下，银行自受理贷款申请之日起，会按照法定的答复期限（短期贷款 20 个工作日，中、长期贷款 130 个工作日）给企业答复。

(五) 贷款还款及利息计算

计算借款利息时，决定其利息额大小的因素主要有三个，即本金的多少、借款时间的长短以及利率的高低。依据企业资金情况，在贷款时就需约定好还款方式。还款方式通常有：等额本息还款、等额本金还款、一次还本付息等。

1. 等额本息还款，即本金逐月递增，利息逐月递减，月还款数不变。此方式因每月归还相同的款项，方便安排收支，适合经济条件不允许前期还款投入过大、收入处于较稳定状态的企业。金额计算公式如下：

每月还款额=［贷款本金×月利率×(1+月利率)^还款月数］
÷［(1+月利率)^还款月数－1］

注：“^”是一个用来表示第三级运算的数学符号，倒如 3 的 2 次方通常表示为3^2。

2. 等额本金还款，即在还款期内把贷款总额等分，每月偿还同等数额的本金和剩余贷款在该月所产生的利息，这样由于每月的还款本金额固定，而利息越来越少，贷款人起初还款压力较大，但是随时间的推移每月还款数也越来越少。此方式适合有一定经济基础能承担前期较大还款压力且有提前还款计划的企业。金额计算公式如下：

每月还款金额=(贷款本金÷还款月数)+(本金－已归还本金累计额)
×月利率

3. 一次还本付息，又称到期一次还本付息，是指借款人在贷款期内不支付利息，贷款到期一次性归还本金与利息。此法适用于短期借款。金额计算公式为：

一年期：

到期一次还本付息额=贷款本金×(1+贷款利率)

贷款期不到一年：

到期一次还本付息额=贷款本金×(贷款利率/12 ×贷款月数)+贷款本金

4. 利率又称利息率，它表示一定时期内利息量与本金的比率，通常用百分比表示，按年计算则称为年利率。同理按月计算则为月利率，因此银行贷款月利率就是一个月内的利息量与本金的比率。金额计算公式为：

银行贷款月利率=一个月的利息额÷本金额×100%

5. 日常可对贷款（或借款）情况进行登记与利息计算，以便更好的进行管理，提前做好利息与还款准备。特别是向非金融机构的借款，一般需要编制利息计算表，作为利息支付的凭证附件，格式见表 7-6。

表 7-6

借款利息计算表

借款期间：20×3 年 1 月 1 日至 20×3 年 6 月 30 日

借款性质	借款证号	借款金额	借款利率	借款利息	已提利息	合计
短期借款	4	36 000	7.20%	1 296.00		1 296.00

审核：张三　　制单：李四

二、信用卡相关知识介绍

（一）信用卡分类介绍

1. 信用卡是指商业银行向个人和企业发行的，凭以向特约企业购物、消费和向银行存取现金，且具有消费信用的特制载体卡片。

2. 通常来讲，信用卡分为贷记卡和准贷记卡。信用卡按使用对象，还分为企业卡和个人卡。

（1）贷记卡是指银行发行的，给予持卡人一定信用额度，持卡人可在信用额度内先消费后还款的信用卡。大家认知里的信用卡，一般单指贷记卡。

（2）准贷记卡是指银行发行的。持卡人按要求交存一定金额的备用金，当备用金账户余额不足支付时，可在规定的信用额度内透支的信用卡。

（3）企业卡，即以企业名义申请办理用于公司日常业务支付的信用卡，由企业基本账户中转款进行还款。以企业名义办理的还有一种商务卡，此卡可与企业账户绑定还款，也可个人进行还款，介于企业卡与个人卡之间。主要针对成功人士或企业法人办理。

（4）个人卡，即以个人名义办理的信用卡，可以个人其他银行卡还款或采用现金还款。

3. 信用卡主要功能：

（1）信用卡消费，享有 25～60 天（或 20～50 天）的免息期。刷卡消费享有免息期，到期还款日前还清账单金额，不会产生利息等费用。但如未在规定的最后还款日还款，则需缴纳利息、罚款等，其中利息采用复利计算，且是从消费日开始计算。因此信用卡使用中最为重要的就是按时还款，以免逾期影响信用记录，该不良记录会跟随使用者 5 年，在此期间对申请贷款或申请其他信用卡都将造成困难。

（2）信用卡消费还具有分期消费功能，并且个人卡还有预借与取现功能，急需资金使用时可使用，具有一定的融资功能，但需要支付一定数额的取现手续费用。

（二）信用卡申办条件及相关事项

（1）信用卡申领的对象可以分为单位和个人。申请企业卡，单位应为在我国境内具有独立法人资格的机构、企事业单位、三资企业和个体工商户，并须在中国境内金融机构开立基本存款账户。申领人应按规定填制申请表，连同有关资料一并送交发卡银行。符合条件并按银行要求交存一定金额的备用金后，银行即为申领人开立信用卡存款账户，并发给信用卡。个人申领信用卡则必须具有相对固定的职业和稳定的收入来源。办理信用卡时可向银行提供担保，担保的形式包括个人担保、单位担保和个人资金担保。

（2）每个单位申请信用卡可根据需要领取一张主卡和多张（3～10 张）附属卡。持卡人资格由申领单位法定代表人或其委托的代理人书面指定和注销，持卡人不得出租或转借信用卡。

（3）企业卡账户的资金一律从其基本存款账户转账存入，在使用过程中，需要向其账户续存资金，也一律从其基本存款账户转账存入，不可将销货收入的款项存入其账户，也不可支取现金。

（4）企业卡不得用于 10 万元以上的商品交易或者劳务供应款项的结算，特定专向卡除外。

（三）信用卡办理需提交材料

1. 申请方式一般是通过填写信用卡申请表，申请表的内容包括申领人的名称、基本情况、经济状况或收入来源、担保人及其基本情况等。提交身份证复印件或相关证明文件给发卡行，在递交填写完毕的申请书的同时还要提交有关资信证明。申请表都附带有使用信用卡合同，申请人授权发卡行或相关部门调查其相关信息，以及提交信息真实性的声明，发卡行的隐私保护政策等，并要有申请人的亲笔签名。

2. 企业卡申请需提交资料：（1）营业执照复印件；（2）开户许可证；（3）主卡人的资料；（4）附属卡申请人资料；（5）保证人的资料；（6）其他信息；（7）主卡申请人和附属卡申请人声明以及签字等。银行审核符合条件，交存一定金额的备用金后，银行为申领人开立银行卡存款账户，发给申领单位银行信用卡。

（四）信用卡办理流程

1. 审查。发卡银行接到申请人交来的申请表及有关材料后，要对申请人的信誉情况进行审查。审查的内容主要包括申请表的内容是否属实，对申请单位资信程度进行评估，对个人要审查担保人的有关情况。通常，银行会根据申请资料，考察申请人多方面的资料与经济情况，来判断是否发信用卡给申请人。考虑的因素有：申请人过去的信用记录、申请人已知的资产、职业特性等。

2. 发卡。申请人申领信用卡成功后，发卡行将为持卡人在发卡银行开立单独的信用卡账户，以供购物、消费和取现后进行结算。

3. 开卡。由于信用卡申请通过后是通过邮寄等方式送达，所以并不能保证领取人就是申请人。为了使申请人和银行免遭盗刷损失，信用卡在正式启用前设置了开卡程序。开卡主要是通过电话或者网络等，核对申请时提供的相关个人信息，核对相符后即完成开卡程序。此时申请人变为卡片持有人，在卡片背后签名后可以正式开始使用。信用卡开卡后一般需同时为卡设立密码，包括查询密码、支付密码。

4. 辨识。信用卡卡面上至少有如下信息：

(1) 正面：发卡行名称及标识、信用卡别（组织标识）及全息防伪标记、卡号、英文或拼音姓名、启用日期（一般计算到月）、有效日期（一般计算到月），最新发行的卡片正面附有芯片，芯片账户与卡磁条账户为相对独立的两个账户。

(2) 背面：卡片磁条、持卡人签名栏（启用后必须签名）、服务热线电话、卡号末四位号码或全部卡号（防止被冒用）、信用卡安全码（在信用卡背面的签名栏上，紧跟在卡号末四位号码的后面的三位数字，用于信用卡激活、密码管理、电视、电话及网络交易等）。

5. 授权。商户、银行确认信用卡有效，根据与发卡行签订的合同与银行联系，请求授权。授权是要进一步证实持卡人的身份及可以使用的金额。授权一般在超过合同规定的使用金额时进行。发卡银行收到授权通知后，根据持卡人存款账户的存款余额及银行允许透支的协议情况发出授权指令，答复是否同意进行交易。

6. 使用。信用卡通常仅限于持卡人本人使用，借给他人使用是违反使用合同约定的。并且需真实交易或者消费刷卡，不可进行虚假交易套现，更不可盗刷，此类行为皆属违法行为。

（五）分期付款介绍

信用卡分期付款就是指持卡人使用信用卡进行大额消费时，由发卡银行向商户一次性支付持卡人所购商品（或服务）的消费资金，并根据持卡人申请，将消费资金分期通过持卡人信用卡账户扣收，持卡人按照每月入账金额进行偿还的业务。目前国内各大银行基本都有信用卡分期付款业务，分期付款一般根据场合的不同分为商场（POS）分期，通过网络、邮寄等方式进行的“邮购分期”，账单分期。分期一般会产生一定数额的手续费用，所分的期数越多手续费越高，而且多数是由持卡人自己承担。

(1) 商场分期，称为POS分期，是指持卡人到购物场所，如可以进行分期的商场进行购物。在结账时，持该商场支持分期的信用卡说明需分期付款，则收银员将会按照持卡人要求的期数（如3期、6期、12期等，少数商场支持24期），在专门的POS机上刷卡。另现在还推行MOTO支付（即电话支付）与MOTO分期支付。指在即成订单的情况下，通过电话与付款客户取得联系获取信用卡相关信息后进行支付，此支付方式下的通话记录是需要被录音的。

温馨提醒

在进行商场分期的时候，需要进行持卡人身份验证，所以切记带上身份证。商场分期一般 3 期免手续费。6 期和 12 期的费率各银行收费标准不同。只要是该商场正常销售的商品，一般均可以进行分期。在很多情况下，持卡人还可以将多个商品捆绑在一起结账，然后进行分期。

(2) 邮购分期，指持卡人收到发卡银行寄送的分期邮购目录手册（或者银行的网上分期商城），从限定的商品当中进行选择。然后通过网上分期商城订购、打电话或者传真邮购分期申请表等方式向银行进行分期邮购。邮购分期一般无论期数多少均不收手续费。但由于订购周期较长（很多情况会超过 15 个工作日才能拿到商品）且退换货相对烦琐，所以建议购买前多进行比较。

(3) 账单分期，这是最为方便的一种分期方式，各家发卡银行基本都支持此种分期方式，且申请简便。用户只要在刷卡消费之后、每月账单派出之前，通过电话等方式向发卡银行提出分期申请即可。但是要注意，各银行都会规定一些特例，如带有投机性质的刷卡消费则无法申请分期还款。所以在进行分期之前，一定要仔细阅读分期手册。企业卡一般无“账单分期”功能，只能在消费时直接刷分期付款，而不能一次性刷卡消费后再申请账单分期。企业卡不支持账单分期，故在消费时需事先确定分期消费，且只能在有分期功能的 POS 机上消费。

（六）信用卡其他名词介绍

(1) 交易日，指持卡人实际用卡交易的日期。

(2) 记账日，又称入账日，是指持卡人用卡交易后，发卡银行将交易款项记入其信用卡账户的日期，或发卡银行根据相关约定将有关费用记入其信用卡账户的日期。

(3) 账单日，是指发卡银行每月定期对持卡人的信用卡账户当期发生的各项交易、费用等进行汇总，并结计利息，计算持卡人当期应还款项的日期。

(4) 还款日，指持卡人实际向银行偿还信用卡账款的日期。公司承债的企业卡或商务卡，办理时需要填写自动还款协议，关联公司的账户；个人刷卡使用后由所在公司负责还款，个人到公司财务报销即可。

(5) 免息还款期，对非现金交易，从银行记账日起至到期还款日之间的日期为免息还款期。免息还款期最短 20 天，最长 50～60 天不等。还款日期间，只要全额还清当期对账单上的本期应还金额，便不用支付任何非现金交易由银行代垫给商店资金的利息（预借现金则不享受免息优惠）。相关图示见图 7-1 和图 7-2。

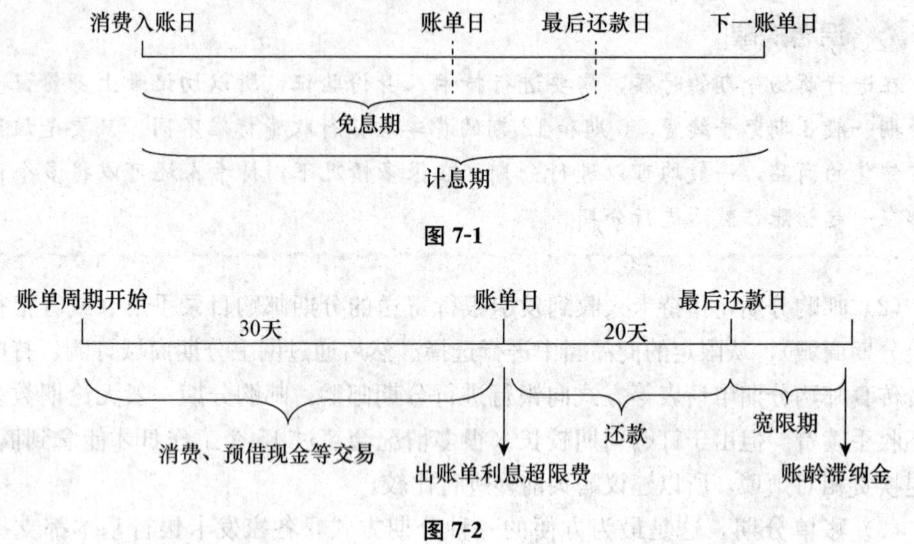

图 7-1

图 7-2

举例：

张小姐7月19日消费，结算在8月18日账单上，在9月8日最后还款日全额还款即享受了最长51天免息期（7月19日至9月8日）。如她在9月18日消费，当天是账单日，在9月8日最后还款日全额还款，即享受了最短20天的免息期。

（6）到期还款日，发卡银行规定的持卡人应该偿还其全部应还款或最低还款额的最后日期。企业卡办卡时可同时签订自动还款协议，关联公司账户，各信用卡持有者刷卡使用后由所在公司负责还款，个人再持票据到公司财务报销即可。

（7）信用卡存款，是指企业为取得信用卡按照规定存入银行信用卡专户的款项。个人信用卡是可以存入现金的，标准信用卡存款没有利息，且存进的钱再取出来需要缴纳手续费（即溢款领回）。但也有部分特殊卡种具有储蓄功能，所以在申请信用卡前必须多看条款，做到心中有数。办理信用卡之前，最好事先认真阅读章程或持卡人须知，了解该卡是否存款有息，以免造成不必要的误会和资金损失。信用卡存款既不是结算债权也不是待摊费用。

（8）信用卡年费，即银行每年收取的信用卡管理费，个人信用卡，白金卡以下的卡种每年刷卡消费6次即可免年费，白金卡一般不可免年费。企业卡不提供刷卡6次免年费的功能，年费由企业承担，费用从企业基本户中扣除。

（七）企业信用卡使用其他事项

1. 信用卡的透支

银行为了控制风险，对单位信用卡的使用进行了严格的规定。

（1）企业卡的单笔透支发生额不得超过5万元（含等值外币）。

（2）企业卡同一账户的月透支余额不得超过发卡银行对该单位综合授信额度的3%。无综合授信额度可参照的单位，月透支余额不得超过10万元（含等值外币）。

（3）准贷记卡的透支期限最长为60天。贷记卡的首月最低还款额不得低于其当月透支余额的10%。

2. 信用卡的销户

当不再继续使用银行卡时，应主动持银行卡到发卡银行办理销户。如果办理销户时账户内还有余额，银行会将该账户内的余额转入基本存款账户，不予提取现金。持卡人有透支情况，只有在还清透支利息后，并符合下列情况的才可以办理销户：

（1）信用卡有效期满45天后，持卡人不更换新卡的；

（2）信用卡挂失满45天后，没有附属卡又不更换新卡的；

（3）信用卡被列入止付名单，发卡银行已收回其银行卡45天的；

（4）持卡人要求销户或者担保人撤销担保，并已交回全部银行卡45天的；

（5）信用卡账户两年以上（含两年）未发生交易的；

（6）持卡人违反其他规定，发卡银行认为应该取消资格的。

办理销户时应当交回信用卡，有效信用卡无法交回的，银行直接予以止付。

3. 银行卡的挂失

（1）信用卡丢失后，使用人应立即持本人身份证件或其他有效证明，并按规定提供有关情况，向发卡银行或代办银行申请挂失。发卡银行或代办银行审核后办理挂失手续。

（2）如果因持卡人不及时办理挂失手续造成损失的，应自行承担该损失；如果持卡人办理了挂失手续，因发卡银行或代办银行的原因给持卡人造成损失的，应由发卡银行或代办银行赔偿该损失。

（八）企业卡业务实例

【业务内容】

在××银行申请领用信用卡，2月10日按要求向银行交存备用金5万元。3月15日使用信用卡支付1月份的电话费20 000元。6月1日因公司管理需要决定取消此信用卡。

【业务分录】

（1）2月10日存入××银行开立信用卡，会计分录：

借：其他货币资金——信用卡存款　　50 000

　贷：银行存款　　50 000

（2）3月15日使用信用卡支付电话费，会计分录：

借：管理费用 ——办公费　　20 000

　贷：其他货币资金——信用卡存款　　20 000

（3）6月1日办理信用卡销户时，企业卡科目余额转入企业基本存款户，不得提取现金。会计分录：

借：银行存款　　30 000

　贷：其他货币资金——信用卡存款　　30 000

注：办理有多家银行信用卡，可依所开办银行设立明细科目。

三、POS 设备介绍

POS 指销售点终端通过网络与银行主机系统连接，工作时，将支付卡在 POS 机上“刷卡”并输入有关业务信息（交易种类、交易金额、密码等），由 POS 机将获得的信息通过网络送给银行主机进行相应处理后，向 POS 机返回处理结果，从而完成一笔交易。现在 POS 刷卡消费越来越普遍，资金管理更加便捷、安全、快速，为了使客户的支付更便捷，大多数商家都会布设 POS 设备，特别是信用卡的普及，更是促进了 POS 业务的发展。有的企业 POS 收款成为其主要的收款方式。

（一）POS 分类

1. POS 机主通常有以下两种类型：

（1）消费 POS，具有消费、预授权、查询支付名单等功能，主要用于特约商户受理银行卡消费。

（2）转账 POS，具有财务转账和卡卡转账等功能，主要用于单位财务部门。

2. 按 POS 机适用群体还分为：

（1）移动 POS 机。适合商家：有特殊移动刷卡需求且有正规营业场所的商户，如物流企业、展览展示企业、教育培训企业等。

（2）封顶 POS 机。适合商家：批发市场商户，五证齐全有电话线即可，刷卡手续费可以封顶结算，如服装批发市场、汽配城等。

（3）个体户 POS 机。适合商家：持个体工商户营业执照或个人独资企业营业执照的商户，如个体服装店、个体美容店等。

（4）固定 POS 机。适合商家：企业法人营业执照，五证齐全或持个体工商户营业执照，无移动刷卡需求，客人上门消费并刷卡。有电话线或者有网线即可。如超市、便利店、医院等。

①固定 POS 机的优点是：

a. 软件升级和维护比较容易；

b. 采用网络拨号方式，拨号速度快；

c. POS 交易清算比较容易。

②固定 POS 机的缺点是：需要连线操作，客人需要到收银台付账。适用一体化改造项目的商户。

（5）外卡 POS 机。适合商家：外国客人居住或消费的特定区域周边商家，五证齐全，不仅能支持银联标记卡，也支持 VISA、万事达、美国运通、JCB 等卡片，如高档餐饮、酒店等。

（6）预授权 POS 机。适合商家：高档宾馆、酒店、旅店、租车行业。其他行业的 POS 机几乎不可能开通预授权功能。

（7）网线POS机。适合商家：有固定办公场所，且无法安装电话线的商户。只开通网络的商户，POS机启动刷卡时，只要连接网线即可刷卡消费。

（8）储蓄卡POS机。适合商家：单笔交易金额比较大，且刷卡消费几乎都是银联储蓄卡时，储蓄卡POS机能为此类商户量身定做，可单独屏蔽信用卡功能，并同时把刷储蓄卡手续费降低到最大程度。

（二）POS的申请

一般需要布设POS收款设备，可向各大银行或银联公司申请，POS设备一般由所申请的银行或银联公司免费提供（当然申请购买也行）。当企业取消业务或不使用POS时，将会被收回。社会上也有不少代办与出租POS设备的公司，若企业不方便办理，可请此类公司代办或直接租用。

1. 企业及商户申请安装POS机需准备的材料有：

（1）营业执照正本原件、复印件。

（2）税务登记证原件、复印件。

（3）组织机构代码证正本原件、IC卡及复印件。

（4）法人身份证原件、复印件。

（5）公章、法人章、财务专用章。

（6）企业或商户的对公账户及账号（开户许可证复印件）。

2. 申请及安装POS机的一般步骤：

（1）如实填写信息调查表、××银联公用POS入网登记表、受理银行卡及安装POS设备协议书、委托银行代收款协议书等资料。

（2）提供加盖公章的营业执照和税务登记证复印件。

（3）一般审批阶段需3～5个工作日。

（4）终端程序下载、测试。

（5）银行或银联工作人员装机。

（6）银行派人员驻地进行POS设备操作使用培训。

（7）填写装机签收收据和培训信息反馈表。以上涉及的表格向受理业务的银行或银联公司获取。不少银行还可上门服务，专门指导。

（三）POS设备的使用

1. POS设备申请安装好，办理银行或机构会安排人员进行操作使用培训。POS设备操作步骤大体相同。主要支付方式有：

（1）常规刷卡支付：即支付时需要刷卡并输入支付密码的POS支付。

（2）MOTO刷卡支付（电话支付）：支付时不需要本人到场、持卡支付，一般为客服人员与客户电话确认订单支付情况并获取客户刷卡的卡片相关信息后，在POS设备上操作支付。

（3）常规刷卡支付操作步骤：

第一步，连接设备，插入电源与电话线；左上键盘线，右上电源线，左下电脑连接线（一般不用），右下电话线。

第二步，开启 POS 机，长按红色“取消”键，出现【bi】一声后等待。见图 7-3。

第三步，签到：

①等待屏幕出现柜员签到时用主机键盘输入操作员账号 001，点击确认按钮。见图 7-4。

图 7-3

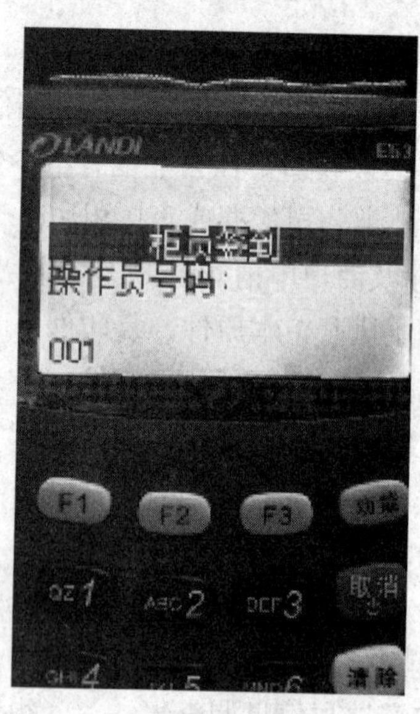

图 7-4

②输入操作员口令：××××××（6 位数字），点击确认按钮。见图 7-5。

③等待拨号连接，连接成功后屏幕会停留在 POS 等待指令界面。见图 7-6 和图 7-7。

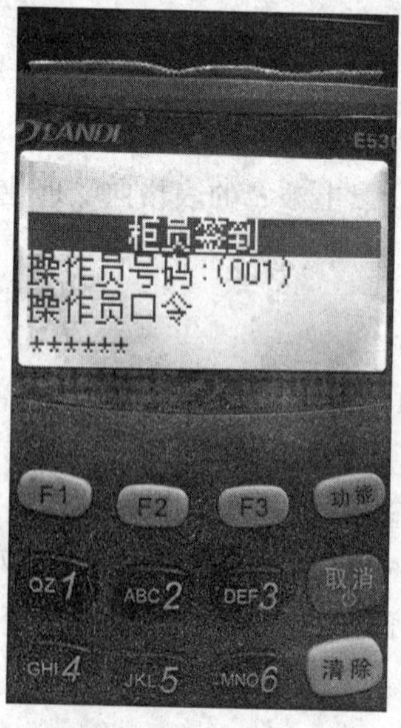

图 7-5

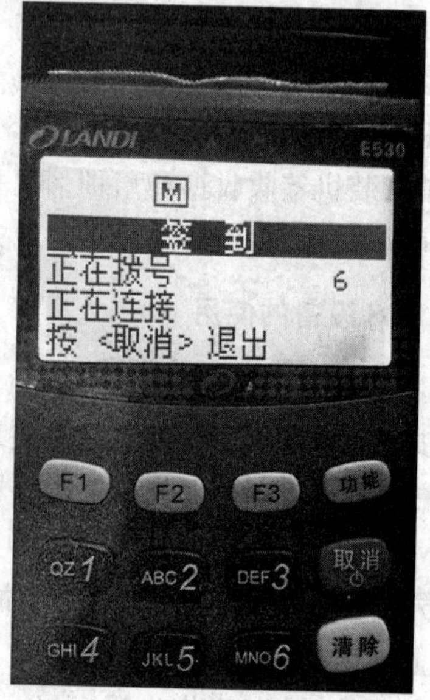

图 7-6

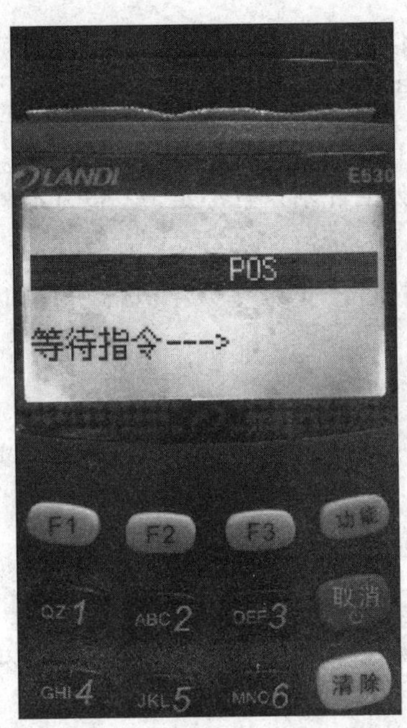

图 7-7

第四步，支付操作：

A. 刷卡消费。

A-1：：按主机键盘上的“功能”键，选择 1. 消费；

A-2：插入 IC 卡或刷卡；

A-3：确认卡号信息后按确认键，输入金额；

A-4：根据 POS 提示由持卡人输入卡片密码，持卡人在密码键盘输入密码，在密码键盘按确认后等待拨号。

B. MOTO 消费。

B-1：按主机键盘上的‘功能’键，选择 5. MOTO 消费，见图 7-8；

B-2：输入信用卡卡号；

B-3：输入有效期；

B-4：输入 CVV 码；

B-5：输入金额，等待拨号，交易成功后 POS 机打印回执；

B-6：交易成功后 POS 机打印回执，系统打印出一式三联或两联单的签购单，给刷卡用户签字确认。

(4) 分期刷卡支付操作步骤：

第一步，与普通刷卡支付操作相同。

第二步，支付操作。

A：分期刷卡消费。

A-1：按主机键盘上的‘功能’键，选择 1. 分期付款消费；

A-2：刷卡，确认卡号信息；

A-3：选择分期数（分期数是按照公司与银行签订的分期数，其他的分期数不能使用）；

A-4：选择分期计划（分期计划只有不是 IPOO 才有效见图 7－14）；

A-5：输入金额；

A-6：输入密码，等待拨号，交易成功后 POS 机打印回执。

B. 分期 MOTO 消费。

B-1：按主机键盘上的‘功能’键；

B-2：选择 4. 分期付款，选择 2. MOTO 分期消费，见图 7-9；

B-3：输入信用卡卡号，见图 7-10；

B-4：输入有效期，见图 7-11；

B-5：输入 CVV 码，见图 7-12；

B-6：选择分期数（分期数是按照公司与银行签订的分期数，其他的分期数不能使用），见图 7-13；

B-7：选择分期计划（分期计划只有不是 IPOO 才有效），见图 7-14；

B-8：输入金额，如果要输入密码直接在小键盘按确认键，等待拨号，见图 7-15 和图 7-16；

B-9：交易成功后 POS 机打印回执。

第三步，关机：常按“取消”键即可，见图 7-17。

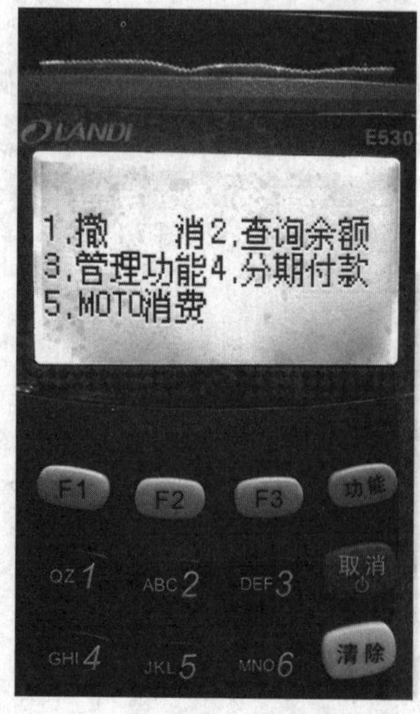

图 7-8

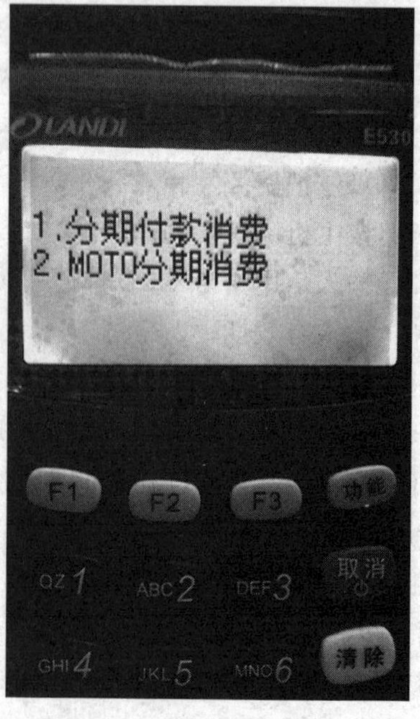

图 7-9

图 7-10

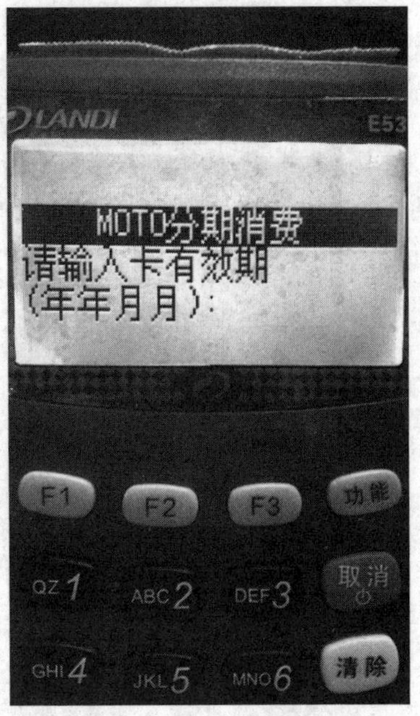

图 7-11

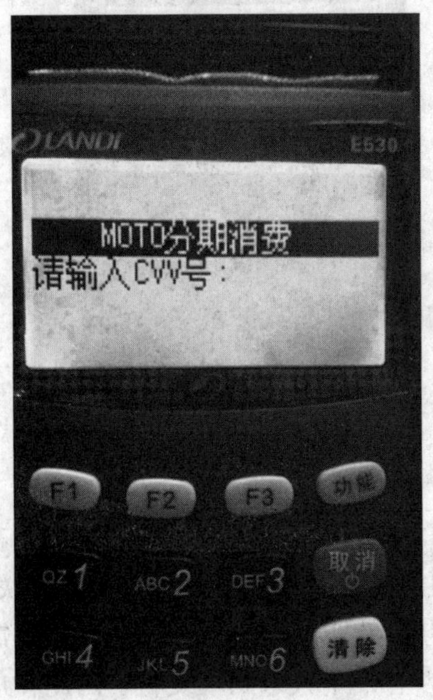

图 7-12

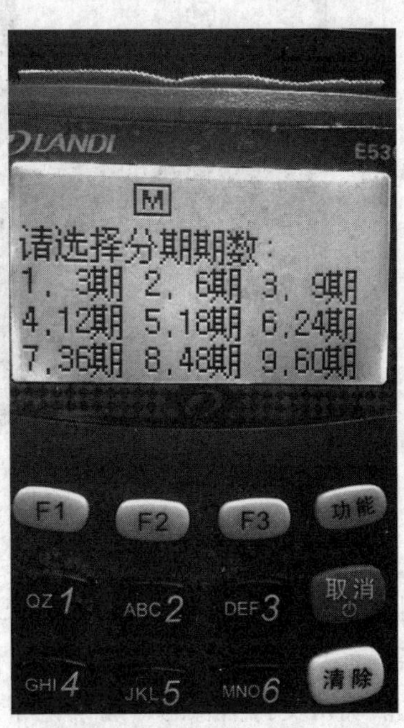

图 7-13

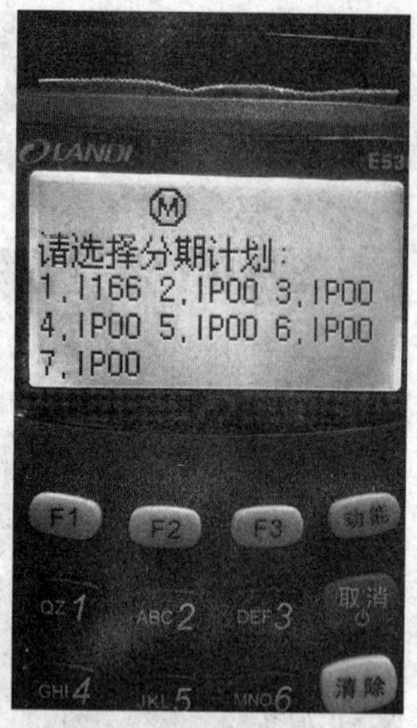

图 7-14

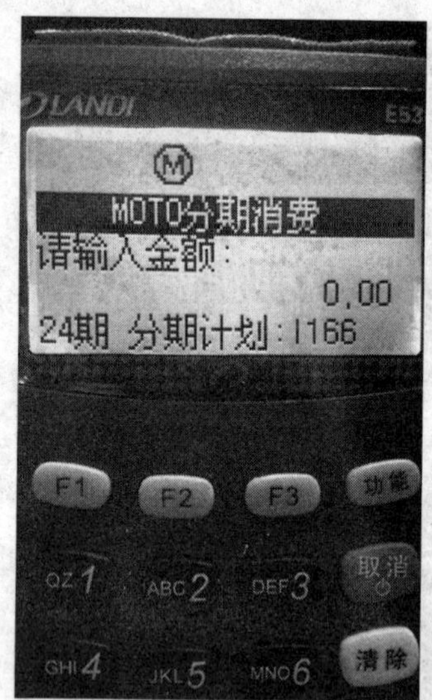

图 7-15

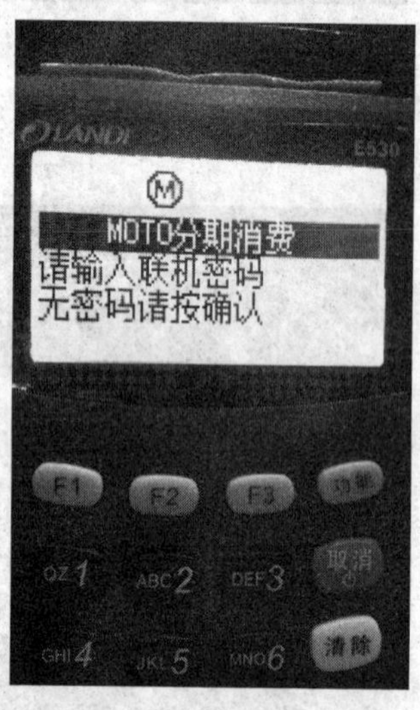

图 7-16

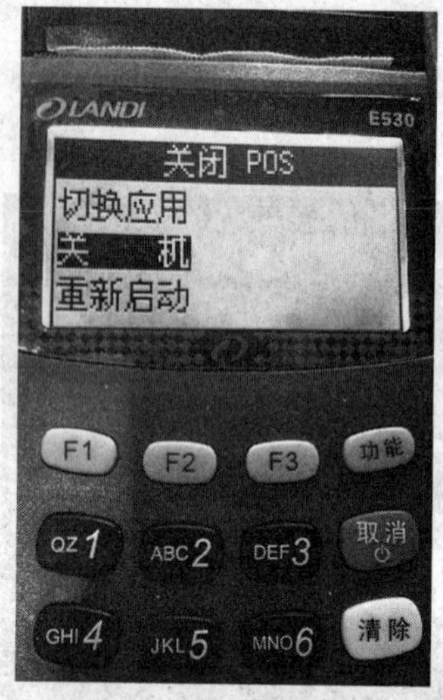

图 7-17

2. 签购单的管理。签购单由客户签字后，持卡联给客户，商户联公司留存，需按时间顺序整理、保存。租用的 POS 设备归还时有时对方会要求收存商户联凭单。刷卡客户有 6 个月查询期，因此需要仔细保存。另外，MOTO 电话支付，是需要与客户电话确认支付信息的，通话记录需录音，客户本人未到场支付，因此客户一般不签字，公司代为留存，如客户有需要可提供。

3. POS 机功能与管理设置。POS 设备具分级管理功能，一般分为管理员与操作员，管理员可设定操作人员操作权限及 POS 设备相关功能的启用、关闭等，以手续费分期设置举例说明操作步骤：

（1）签到：操作员编号：×××（三位数）；操作密码：××××××（6 位数）。

（2）设置选项按“功能”按钮，选择 1 为手工设置，选择 3 为交易设置。

（3）设置选择：按“确定”按钮选择，分期付款手续费分期——0. 否，1. 是——选择“1”。

注：所有操作可直接依据 POS 设备的显示屏操作。其中“F1”键为返回之前操作；“取消”键，为返回设置，可选择项目及退出。

（四）日常对账与回单获取

（1）可到银行或银联公司指定网址中进行回单下载或查看操作。录入商户号、密码等进入，在回单查看下载功能中，可按日期查看或下载明细或进账单，格式有文本格式与 EXCEL 格式，具体见表 7-7 和表 7-8。日常一般核对总交易金额，如有差异再下载明细核对。也可下载交易数据备份。

（2）开通企业网银也可登录企业网银，在相关功能页面中查询、下载或打印。

（3）通过 POS 设备支付的款项，一般在交易后 1～2 个工作日才会到公司账户。款项依据与银行或银联公司的合同约定单笔款项清分结算或按日清分结算。如按日清分结算，则将一个交易日的所有支付金额合计转入公司指定账户。可依据进账单体现金额并与银行账户金额核对，确认款项是否收妥。

（4）以进账单作为入账凭证（格式见表 7-8），此单可自行打印后提交银行盖章或由银行打印盖章，没有盖银行业务章不可作为入账凭证。

表 7-7

××银行银行卡中心

××商户 POS 交易清算明细表

商户名称：L 市景雨景有限公司
人民币开户行：××银行×××省分行　人民币开户账号：××××××××××××××

签约行号：××55400×××

商户编号：×××5311××××××××　营业日期：20×3/02/05

结算货币：001（RMB）

终端号	批号	交易卡号	交易日期	交易时间	交易金额	手续费	结算金额	授权码	交易码	卡别
订单号	协议号	参考号	分期计划		分期期数					
35011××××	071104	621790×××××××××2130	20×3/02/04	151810	.01	.00	.01	827858	PCEP	BOCD
20×31×021××341×××		73113×××××			3308538×××××			IP00	0000	
小计	笔数：	1	金额：	.01	手续费：	.00	结算金额：	.01		

合计	交易码	笔数	金额	手续费	净额
	PCEP	1	.01	.00	.01
合计	分期	笔数	金额	手续费	净额
	0000	1	.01	.00	.01
合计	卡别	笔数	金额	手续费	净额
	BOCD	1	.01	.00	.01

合计　笔数：　1 金额：　.01　手续费：　.00 商户实收结算金额：.01

表 7-8

××银行进账单	
付款人：	收款人：
全称：××银行银行卡中心	全称：L 市雨景有限公司
账号：×××××××	账号：×××××××××
开户银行：××银行银行卡中心	开户银行：××银行××省分行
金额：RMB .01	
交易费：RMB .00	
服务费：RMB .00	
票据种类： EDC	
卡类： ××××	
笔数： 1	
商户编号：104-3501-5311-×××	
日期：20×3/02/08	

四、贷款卡相关事项

凡需要向各金融机构申请贷款，办理承兑汇票、信用证、授信、保函和提供担保等信贷业务的法人企业、非法人企业、事业法人单位和其他借款人，均须向营业执照（或其他有效证件）注册地的中国人民银行城市中心支行或所属县支行申请领取贷款卡。

贷款卡是中国人民银行发给注册地借款人的磁卡条，是借款人凭以向金融机构申请办理信贷业务的资格证明。贷款人记录了贷款人编码及密码，是商业银行登录“银行信贷登记咨询系统”查询客户资信信息的凭证，取得贷款卡并不意味着客户能马上获得银行贷款，关键看贷款申请人的资信状况是否满足担保机构和经办银行的要求。

（一）中小企业申请贷款卡的条件

（1）符合国家的产业、行业政策，不属于高污染、高耗能的小企业；

（2）企业在各家商业银行信誉状况良好，没有不良信用记录；

（3）具有工商行政管理部门核准登记，且年检合格的营业执照，持有人民银行核发并正常年检的贷款卡；

（4）有必要的组织机构、经营管理制度和财务管理制度，有固定地址和经营场所，合法经营，产品有市场、有效益；

（5）具备履行合同、偿还债务的能力，还款意愿良好，无不良信用记录，信贷资产风险分类为正常类或非财务因素影响的关注类；

（6）企业经营者或实际控制人从业经历在 3 年以上，素质良好、无不良个人信用记录；

（7）企业经营情况稳定，成立年限原则上在 2 年（含）以上，至少有一个及以上会计年度财务报告，且连续 2 年销售收入增长，毛利润为正值；

(8) 符合建立与小企业业务相关的行业信贷政策；

(9) 能遵守国家金融法规政策及银行有关规定；

(10) 在申请行开立基本结算账户或一般结算账户。

(二) 贷款卡的办理

申办贷款卡，需提交《资产负债表》、《利润及利润分配表》、《现金流量表》，格式需统一，一般市政府网站上都可下载。填写完毕后到公司注册地的人民银行办理申请领卡手续。不同类型借款人携带证件资料不同。

1. 企业办卡：

(1) 贷款卡申请书；

(2) 已办理当年年检的企业法人营业执照或营业执照(限于法人企业授权的非法人企业) 原件及复印件；

(3) 已办理当年年检的中华人民共和国组织机构代码证原件及复印件；

(4) 人民银行核发的基本存款账户开户许可证与机构信用代码证原件及复印件；

(5) 企业的《注册资本验资报告》原件及复印件或有关注册资本来源的证明材料；

(6) 领卡时上年度及上月的资产负债表、利润及利润分配表和现金流量表，并须加盖公章；

(7) 法定代表人身份证复印件；

(8) 高级管理人员身份证复印件；

(9) 股东身份证明复印件；

(10) 经办人身份证原件及复印件；

(11) 国税税务登记证原件及复印件；

(12) 地税税务登记证原件及复印件；

(13) 企业法人章程；

(14) 如法人代表为境外投资者且授权境内人员全权处理相关事宜时，该企业除带上述资料外，还须携带授权委托书。

2. 事业单位、社会团体：

(1) 贷款卡申请书；

(2) 事业单位法人登记证原件及复印件或上级批文原件及复印件；

(3) 已办理当年年检的中华人民共和国组织机构代码证原件及复印件；

(4) 人民银行核发的基本存款账户开户许可证与机构信用代码证原件及复印件；

(5) 领卡时上年度及上月的资产负债表、利润及利润分配表和现金流量表，并须加盖公章；

(6) 经办人身份证原件及复印件。

3. 行政机关筹建办公楼、医疗卫生部门购买设备等融资需要，敬老院等由民政部门批准的经营性社区类组织，有组织机构代码证的村级经济组织等机构比照事业单位办理领卡手续，并提供由金融机构出具的贷款意向书。

4. 符合《证券公司股票质押贷款管理办法》借款人条件的证券公司，经核准有担保业务的金融类企业法人授权的经营性金融机构等比照企业办理领卡手续，并提供由金融机构出具的贷款意向书。

5. 个人办卡：

（1）凡个人作为担保方为企事业单位提供担保时须办理贷款卡。

（2）申办者填报资产负债表、利润及利润分配表和现金流量表，携带以下证件，到注册地人民银行办理申请领卡手续：

①贷款卡申请书；

②户口簿原件及复印件；

③身份证原件及复印件；

④贷款意向书。

6. 中国人民银行对上述资料审验无误后，从申请之日起 5 个工作日内核发贷款卡。贷款卡由领卡单位或个人自行保管。

7. 部分地区开办有“贷款卡信息管理系统”，在申请贷款卡时需要先申请人行数字证书，办理数字证书时需要填写人行××支行编号数字证书申请书表、数字证书使用协议书。以上两文件需要盖公章，还应提供机构信用代码证复印件、经办人身份证复印件。到数字证书办理柜台办理即可。注意申请书不可有涂改，其中“申请日期”、“日期”填写项，需按照现场受理时间填写，办理证书费用 100～200 元不等。证书现场办理当天即可领取，但证书需要两个工作日后方可使用。证书办理完毕，即可登陆“贷款卡信息管理系统”办理贷款卡相关的业务申请。

8. 机构信用代码证是从信用的角度编制的用于识别机构身份的代码标识，共 18 位，它覆盖机关、事业单位、企业、社会团体及其他组织等各类机构，是各类机构的“经济身份证”。2012 年开始，已开立基本存款账户的机构，可到基本存款账户开户银行申领。新开立基本存款账户的，可在开立基本存款账户的同时申领。申领机构信用代码证应提供的资料如下：

（1）机构信用代码申请表；

（2）登记证明资料（包括法人营业执照、税务登记证、组织机构代码证、事业单位登记证明等）；

（3）经办人有效身份证件。

（三）贷款卡年审

1. 贷款卡年审的意义。通过对贷款卡的年审，可以充实信息，更新财务指标，使信用信息基础数据库中的基本信息更加准确，使各信贷网点全面了解企业资信情况，便于金融机构更加快捷地办理信贷业务。

2. 贷款卡有效期。贷款卡实行滚动年审制度，贷款卡有效期限为一年，即办理贷款卡或通过上次贷款卡年审满一年均要进行贷款卡年审，否则贷款卡将被暂停使用。

3. 贷款卡年审方式及年审程序。贷款卡采用全年滚动年审的方式，即根据贷款卡办理或参加上次贷款卡年审的时间，在满一年之前到人民银行或中心支行进行贷款卡年审，具体程序如下：

（1）办理贷款卡年审时，首先携带贷款卡原件、营业执照副本原件、组织机构代码证原件、U盘到人民银行领取“贷款卡年审报告书”，拷贝报表申报程序（或从人民银行网站下载贷款卡年审报告书和报表申报程序）。

（2）按要求规范填写贷款卡年审报告书，并准备相应材料，送交人民银行年审柜台。

（3）人民银行收到年审材料后进行年审，并为年审单位开具回执，注明领取贷款卡的时间，年审单位在规定的时间到人民银行领取年审合格的贷款卡。

4. 贷款卡年审应报送的年审材料：

（1）贷款卡原件或贷款卡挂失申请表；

（2）填写完整的贷款卡年审报告书；

（3）经工商局年检合格的企业法人营业执照、营业执照、事业单位法人证书之一的副本复印件，其他经济组织的有效证件复印件（企业要求通过上年度工商局年审合格的有效证件）。

（4）经技术监督局年检合格的中华人民共和国组织机构代码证正本复印件（通过上一年技术监督局年审合格的有效证件），年审对象若为集团子公司的须提供母公司代码证正本复印件。

（5）高级管理人员（包括法定代表人、负责人、总经理、财务负责人、代理人）及经办人员身份证（外籍护照、回乡证等）的复印件。

（6）上年度资产负债表、利润表、现金流量表复印件。如企业不能提供报表，应提供税务局开具的相关证明。若本公司为集团母公司，需提供上年度集团合并财务报表（资产负债表、利润表、现金流量表）复印件。

（7）中国人民银行征信中心颁发的有效的机构信用代码证。

（8）以下资料没有发生变化或已变更过可以不提交，但已发生变化或没有变更过，还必须提交：

①经当地国税局、地税局签发的有效国税及地税登记证正本复印件。

②若名称变更，应提供工商局出具的“名称变更核准通知书”或“公司变更登记申请书”的复印件。

③验资报告全套复印件（或国有产权登记证副本全套复印件）或有关注册资本来源的证明材料。如验资报告丢失应去相应的工商管理局（处）调档复印，复印件

上须加盖工商部门公章。

④若出资方变更，需提供经工商局备案的转股协议书复印件。

⑤若出资方是由企事业单位须提供出资人的有效中华人民共和国组织机构代码证复印件，若是由个人出资须提供出资人的有效身份证复印件。

（四）其他年审注意事项

（1）年审期间，若贷款卡正在金融机构使用，可免提供贷款卡，但必须提供相关金融机构的证明材料（加盖信贷部门公章）。

（2）如果年审期间贷款卡丢失，应向人民银行领取并填写贷款卡挂失申请表（也可从人民银行网站下载），汇同年审报告书及其他年审材料交到年审柜台，人民银行在贷款卡年审时进行补卡。

（3）要了解本单位办理贷款卡或参加上一次贷款卡年审的时间，以便确定自己的年审时间，如到期未参加贷款卡年审或者年审未通过，人民银行将按照有关规定，暂停其贷款卡的使用。暂停贷款卡在未解停前，金融机构将不发放新的信贷业务。部分地区是限定年审期限的，一般为每年的 3—6 月份。具体可查看人民银行地区网站发布的信息，安排时间办理。

（4）现全国多地采用网上办卡与网上年检，借款人申请、年审贷款卡时，通过互联网下载贷款卡信息录入软件，录入相关资料并打印生成申报材料，连同需要提供的资料，一同送当地人民银行办理即可。自 2012 年 6 月 1 日起，各地已陆续停用原贷款卡电子版申请表和纸质贷款卡申请表、贷款卡年审表，统一启用贷款卡信息录入软件。贷款卡信息录入软件使用手册可在当地的中国人民银行网站上下载。

附表1 银行常见九种结算方式一览

种类	基本分类	地域范围	用途范围	金额起点	时限	背书转让	注意点	账务处理
支票	现金支票 转账支票 普通支票 （划线只能转账）	同城	单位和个人的各种款项		提示付款期限为出票日起10天内	可以转账	签发空头支票，按票面金额处以5%但不低于1 000元的罚款 持票人有权要求出票人支付支票金额的2%的赔偿金	开出支票时： 借：有关科目 贷：银行存款 收到支票时： 借：银行存款 贷：有关科目
银行汇票		异地	先收款后发货或钱货两清的商品交易单位和个人的各种款项		提示付款期限为出票日起1个月内	可以转账	（1）填明“现金”字样的可支取现金 （2）申请或收款人为单位的，不得申请支取现金的银行汇票 （3）背书转让以不超过出票金额的实际结算金额为限 （4）收款人必须同时提交银行汇票和解讫通知，否则银行不予受理	（1）将款项交存银行时： 借：其他货币资金 贷：银行存款 （2）持票购货时： 借：原材料 应交税费 贷：其他货币资金 （3）收回多余款时： 借：银行存款 贷：其他货币资金 *收到银行汇票时： 借：银行存款 贷：主营业务收入 应交税费 应收账款

续表

种类	基本分类	地域范围	用途范围	金额起点	时限	背书转让	注意点	账务处理
商业汇票	商业承兑汇票 银行承兑汇票	同城 异地	法人与其他组织之间必须具有真实的交易关系或债权债务关系		付款期限由交易双方商定，最长不超过6个月。提示付款期限自汇票到期日起10天内。		(1) 商业承兑汇票由付款人承兑。付款人存款账户不足支付的，由持票人银行转交持票人 (2) 银行承兑汇票由银行承兑。出票人于汇票到期前未能足额交存票款的，对出票人尚未支付的汇票金额，每天加收一定数额利息 (3) 申请银行承兑汇票须付票面金额一定比率的手续费	(1) 签发时： 借：原材料 应交税费 贷：应付票据 (2) 到期承兑时： 借：应付票据 贷：银行存款 (1) 收到时： 借：应收票据 贷：主营业务收入 应交税费 (2) 到期时： 借：银行存款 贷：应收票据 *交付银行承兑汇票手续费时 借：财务费用 贷：银行存款
银行本票	定额支票 不定额本票	同城	与支票一致	定额分为： 1 000 元 5 000 元 10 000 元 50 000 元	自出票日起最长不超过2个月	可以转账	注“现金”字样，只能向出票银行支取现金，且可作成“委托收款”背书	(1) 取得本票时： 借：其他货币资金 贷：银行存款 (2) 持票购货时： 借：原材料 应交税费 贷：其他货币资金 (1) 收到本票时： 借：银行存款 贷：主营业务收入 应交税费
汇兑	信汇 电汇	异地	与支票一致				其转账汇兑款严禁转入储蓄和信用卡账户	付款单位： 借：有关科目 贷：银行存款 收款单位： 借：银行存款 贷：有关科目

续表

种类	基本分类	地域范围	用途范围	金额起点	时限	背书转让	注意点	账务处理
异地托收承付		异地	款项必须是商品交易以及因商品交易而产生的劳务供应的款项	10 000 元（新华书店系统每笔的金额起点为1 000元）	验单3天、验货 10天		(1) 代销、寄销、赊销商品款项，不得办理 (2) 收款人办理托收，必须具有商品确已发出的证明及其他有效证明	(1) 承付时： 借：在途物资 应交税费 贷：银行存款 (1) 办妥托收手续： 借：应收账款 贷：主营业务收入 应交税费 (2) 收到款项时： 借：银行存款 贷：应收账款
委托收款	邮寄 电报	同城 异地	单位和个人凭已承兑的商业汇票，债券、存单等付款人债务证明办理					收单付款时： 借：应付账款等 贷：银行存款 收到款项时： 借：银行存款 贷：应收账款等
信用卡	信誉等级： 金卡 普通卡 使用对象： 单位卡 个人卡		中国境内				(1) 单位卡持卡人资格由申领单位法定代表人或其委托的代理人书面指定或注销 (2) 单位卡账户的资金一律从其基本存款账户转账存入，不得交存现金，不得将销货收入的款项存入单位卡账户 (3) 单位卡不得用于10万元以上的商品交易、劳务供应款项的结算，不得提现 (4) 透支额：金卡不超过10 000元，普通卡不超过5 000元 (5) 透支期限最长为60天	

续表

种类	基本分类	地域范围	用途范围	金额起点	时限	背书转让	注意点	账务处理
信用证	不可撤销 不可转让		国际结算				(1) 开证银行负第一位的付款责任 (2) 银行只凭信用证所规定的完全符合条款的单据付款 (3) 一切以单据为准	

附表 2　各种常用币种简写符号表

外币名称	货币符号	简 写	单 位
人民币	¥	RMB	元
英镑	£	GBP	镑
美元	US$	US$	元
日元	J¥	JPY	日元
港元	HK$	HKD	元
欧元	€	EUR	欧元
德国马克	DM	DEM	马克
瑞士法郎	SF	CHF	法郎
法国法郎	FF	FRF	法郎
荷兰盾	F	NLG	盾
奥地利先令	ASCH	ATS	先令
比利时法郎	BF	BEF	法郎
意大利里拉	LIT	ITL	里拉
加拿大元	CAN$	CAD	元
澳大利亚元	A$	AUD	元
瑞典克朗	SKR	SEK	克朗
丹麦克朗	DKR	DKK	克朗
挪威克朗	NKR	NOK	克朗
芬兰马克	FMK	F1M	马克
韩国圆	WON	KRW	圆
泰国铢	B	THB	铢
菲律宾比索	P	PHP	比索
印度卢比	RS	INR	卢比
俄罗斯卢布	RBS	SUR	卢布
缅甸元	K	BUK	元
新西兰元	NZ$	NZD	元
新加坡元	S$	SGD	元